www.tredition.de

Waltraud R. Schögler

Der wahre Reitlehrer ist das Pferd

Glückliche Partnerschaft mit dem Pferd

www.tredition.de

© 2019 Waltraud R. Schögler

Verlag: spiritbooks
Verlagsdienstleister: tredition GmbH, Hamburg

Bildquellen: Doris Huber (Titel, S. 130)
Herwig Rehatschek (S. 176),
Alexandra Bader (S. 39, 49, 58)
Waltraud R. Schögler

Cover: www.ooografik.de
stock.adobe.com (brown paper texture,
Datei: 70702391, Urheber: GCapture)
stock.adobe.com (Vector of a horse head
on white background, Datei: 166333793,
Urheber: yod77)

ISBN, 2. Auflage
Paperback: 978-3-946435-52-5
e-Book: 978-3-946435-54-9

Das Werk, einschließlich seiner Teile, ist urheberrechtlich geschützt. Jede Verwertung ist ohne Zustimmung des Verlages und des Autors unzulässig. Dies gilt insbesondere für die elektronische oder sonstige Vervielfältigung, Übersetzung, Verbreitung und öffentliche Zugänglichmachung.

1	**Wer bin ich?**	**19**
1.1	Die Lebensaufgabe	19
1.1.1	Die Erkenntnis	21
1.1.2	Die Botschafterin	23
1.1.3	Vorwärts leben, rückwärts verstehen	26
1.2	Archetypen	27
1.2.1	Erste Liebe: Gustl	28
1.2.2	Die Lehrmeisterin: Una frá Sydra-Skördugili	30
1.2.3	Die Königin: Prinsessa von Faltensteffl	38
1.2.4	Die Bewusstmacherin: Alrún von Móna-Arnanesi	48
1.2.5	Der verletzte Heiler: Falki von Kronleiten	53
1.2.6	Zuversicht: Dagfari von St. Oswald	55
1.2.7	Freiheit/Die Geflügelte: Messa van de Veluwezoom	59
1.2.8	Der Diener: Gambri	69
1.2.9	Loyalität: Sara von Faltensteffl	71
2	**Der Ruf**	**75**

3 Hindernisse, alltägliche Probleme 83

3.1	Symptom und Ursache	86
3.2	Vorwärts? Nein danke!	88
3.3	Aufmerksamkeits-Defizit	94
3.4	Zwicken, beissen, drohen	99
3.5	Schreckhaftigkeit	105
3.6	Dein Pferd läuft vor dir weg	109
3.7	Die natürliche Schiefe des Menschen	111

4 Der Weg ist das Ziel 115

5 Freunde und Feinde 121

5.1	Natürliche Balance	121
5.1.1	Schiefer Sitz statt Drehsitz	121
5.1.2	Spaltsitz	127
5.1.3	Stuhlsitz	135
5.1.4	Steigbügel-Verlust	137
5.1.5	Trab aussitzen	138
5.1.6	Die richtige Richtung	139

5.2	Die Chemie muss stimmen	141
5.3	Wo ist die Notbremse?	145
5.4	Chaos	147

6 Verbindung — 151

6.1	Der Body-Scan	164
6.2	Der Atem	168
6.3	Das Herz	169

7 Innere Zerrissenheit — 173
8 Scheitern — 181
9 Wachse über dich hinaus — 189
10 Transformation — 205
11 Die Essenz, der weite Blick — 217

Mein Motto:
**"DO WHAT YOU LOVE,
LOVE WHAT YOU DO"**

Verletzte Pferde und verletzte Menschen finden bei Waltraud ein Zuhause

Vorwort von Ulrike Dietmann

Treue und Loyalität, das sind die Begriffe, die mir einfallen, wenn ich an Waltraud denke. Im ersten Kapitel ihres Buches schreibt sie, dass ihr Name Waltraud bedeutet: „Die, die den auf dem Schlachtfeld Gebliebenen treu ist."
Ich bin Waltraud selbst mehrmals begegnet, als mein Leben zu einem Schlachtfeld geworden war - als mein Pferd starb, als meine große Liebe zerbrach. Waltraud war da für mich, zur richtigen Zeit am richtigen Ort. Ihre Worte und ihre Hände bei der Shiatsu-Behandlung waren die richtige Heilung und der richtige Trost.

Ich kenne Waltraud, ihre Arbeit und ihre Pferde. Ich arbeite mit Waltrauds Herde, wenn ich Instruktoren in meiner Arbeit der Hero's Journey mit Pferden ausbilde.
Die Herde von Waltraud, die fünf Islandpferde Messa, Sara, Falki, Dagfari und Gambri sind etwas Kostbares, das man selten findet. Eine Herde, das sind nicht nur fünf Pferde, die zufällig im selben Stall stehen. In den letzten Jahren habe ich die Qualität von Herden kennengelernt und verstanden, dass der Spirit einer Herde etwas Einzigartiges ist, etwas, das große Heilkraft hat, etwas das Menschen tief berührt.

Waltrauds Herde spricht für Waltraud als Menschen

Waltrauds Herde ist ein Ausdruck ihres Wesens und Treue ist das richtige Wort, um ganz vieles zu beschreiben, das man in Waltrauds Herde findet. Die Pferde, die zu Waltraud kommen haben oft ein Schlachtfeld hinter sich. Bei Waltraud finden sie einen Ort, wo sie einfach sein können, wo sie Zeit haben, wo nichts von ihnen gefordert wird, das sie nicht auch geben wollen. Dadurch entsteht ein großer Frieden. Dadurch wird das Wesen jedes einzelnen Pferdes sichtbar. Viel mehr als die physische Schönheit dieser zauberhaften Wesen zeigt sich die innere Schönheit und berührt jeden, der ihnen begegnet. Es entsteht eine Pferdegemeinschaft, die dem gerecht wird, was wir Menschen den Pferden geben können, wenn wir sie in unsere Zivilisation holen: Sie finden den Schutz einer Herde, sie können sich entwickeln in der Herde und was sie für uns Menschen tun beruht auf Freiwilligkeit.

Um so eine Herde zu schaffen und zu pflegen braucht es viel Einfühlungsvermögen und es braucht Beständigkeit - Treue. Es braucht Ehrlichkeit gegenüber sich selbst. Sich immer wieder selbst in Frage stellen und an sich arbeiten. Das tut Waltraud. Das macht sie zu einem Menschen, dem man intuitiv vertraut, weil man all die Liebe und echte Fürsorge fühlt.

Waltraud hat ein Leben mit Pferden verbracht, als Reitlehrerin, als Züchterin, als Pferdetrainerin.
Das Wertvolle an ihrem Buch ist, dass sie all dieses Wissen und Können auf ein Fundament stellt. Dieses Fundament ist, dass es bei Pferden immer zuerst um die Beziehung geht. Pferde sind Herdentiere. Sie orientieren sich an den Gefühlen und an der Präsenz ihres Gegenübers.
Dadurch findet Waltraud Antworten und Lösungen für viele Herausforderungen, die wir mit Pferden erleben. Probleme, die jeder Pferdebesitzer und Reiter kennt. Hier findet er neue Antworten, Lösungen, die wirklich helfen. Dies ist keine weitere Reitlehre, es ist ein Buch darüber, worum es beim Reiten wirklich geht: um Beziehung und um Einfühlung. Und wie wir es in uns selbst entwickeln können.

Waltraud erzählt ihr Wissen in Geschichten, Geschichten, die sie mit ihren Pferden und in ihrer Arbeit mit Menschen erlebt hat.
Es ist ein Buch, das man nicht aus den Händen legt, weil es so gefühlvoll ist, so wahr und weil es einem tiefe Einsichten bringt. Es berührt und bleibt unvergesslich.

Mein großer Wunsch ist, dass sich diese Sicht und dieses Wissen in der Pferdewelt ausbreiten. Viele Menschen lieben Pferde und Waltrauds Buch zeigt uns, wie wir diese Liebe leben können, beim Reiten, beim Ausbilden und in der Haltung. So dass es uns und den Pferden gut geht.

Lass dich inspirieren von diesem Buch. Wenn du es gelesen hast, wirst du um viele Schätze reicher sein. Du wirst es bemerken, wenn du das nächste Mal zu einem Pferd gehst.

Ulrike Dietmann
Oktober 2018

Prolog

Es gibt viele tolle Bücher über die Techniken der Bodenarbeit, des Reitens, wie man sich und sein Pferd gymnastiziert, Spiele, Zirkuslektionen und was man sonst noch alles mit seinem Pferd erleben kann. In den meisten Fällen liegt der Fokus auf dem Pferd und darauf, was das Pferd lernen, wie es sich benehmen und auf den Menschen reagieren soll.

Vor allem im Reitunterricht steht das Erlernen von Techniken im Vordergrund und die Harmonie zwischen Reiter und Pferd bleibt oft auf der Strecke. Ab und zu erhascht man einen Blick auf ein harmonisches Pferd-Reiter-Paar und möchte das unbedingt auch so hinbekommen, die meisten Menschen scheitern jedoch daran, daß sie niemanden finden, der es ihnen erklären kann oder ihnen den Weg dorthin zeigt. Oder wir stoßen bei unserer Suche auf Menschen, die uns Macht und Dominanz als Weg zur Harmonie verkaufen wollen, Menschen, die uns möglicherweise aus egoistischen Gründen in persönliche Abhängigkeit bringen wollen, statt uns den Weg in die Freiheit und Leichtigkeit zu zeigen, Menschen, die uns und unseren Pferden nicht gut tun.

Ich werde dich in diesem Buch „duzen", weil Pferdemenschen das unter sich gerne tun, ich tue es jedoch mit Respekt und Achtung vor dir und deinem persönlichen Lebensweg.

Dieses Buch ist ein Inspirationsbuch

Gemeinsam mit meinen Pferden ermögliche ich Menschen Bewusstseins-Erfahrungen. Die Themen sind vielfältig und reichen vom Lösen reiterlicher Probleme bis zum Meistern von Lebenskrisen.

Dieses Buch ist keine Gebrauchsanweisung im Sinne von „wenn – dann", vielmehr möchte ich dich dazu inspirieren, Zusammenhänge zu erkennen, dich auf den Weg zu machen ohne zu wissen, wie lange es dauert oder wohin er dich führen wird. Dieses Buch soll dir Erkenntnisse bringen, aber auch lehren, daß Erkenntnisse wieder losgelassen werden wollen, damit wieder neue Erkenntnisse Platz haben können.Es ist ein Buch der Ermunterung zur Veränderung, zum Fortschreiten auf deinem persönlichen Lebensweg. Es lässt dich erkennen, wie sich Krisen im Leben, in Beziehungen mit Menschen und mit deinem Pferd in positive Erfahrungen verwandeln können.

Ich teile mein Wissen und meine Erfahrungen. Ich sende neue Impulse aus, um mehr Menschen zu erreichen, als das in meinem lokal begrenzten Reitunterricht möglich ist. Wenn sich die innere Haltung der Menschen zu den Pferden verändert, dann wird sich auch die äußere Haltung verändern. Im Umgang mit den Pferden beginnst du eine Reise zu dir selbst.

Dieses Buch möchte dir einen Weg zu deinem Herzen und zum Herzen Deines Pferdes weisen. Es möchte dir zeigen, wie eine tiefe Verbindung zwischen euch entstehen kann. Diese Verbindung bildet die Basis für all das, was du mit Deinem Pferd erleben möchtest.

Heldenreise mit Pferden

Die elf Kapitel dieses Buches folgen der Struktur der Heldenreise-mit Pferden. Die von Ulrike Dietmann konzipierte und unterrichtete ‚Heros Journey mit Pferden' bietet mit ihren elf Schritten eine Reise zu dir selbst. Sie verwandelt dich und Dein Verhältnis zu Deinem Pferd. Über die Heldenreise-mit-Pferden als Sprache der Seele schreibt Ulrike Dietmann:

„Die Heldenreise ist ein Modell, das von Joseph Campbell, einem amerikanischen Mythologen kreiert wurde. Joseph Campbell untersuchte Geschichten, Legenden und mythologische Inhalte aus Kulturen weltweit und fand ein zugrunde liegendes Muster, das er "die Reise des Helden" nannte. Die Heldenreise ist ein international bekanntes Modell der Persönlichkeitsentwicklung, das auch in der Therapie eingesetzt wird, und unter anderem in der Drehbuchentwicklung. In Hollywood wurde es zum Erfolgsmodell für zahllose Filme. Die Heldenreise offenbart uns die Entwicklung der menschlichen Seele, die vom Archetyp des Helden und der Heldin getragen wird. Ein Modell, das persönliche und überpersönliche Psychologie, alltägliches und nicht-alltägliches Bewusstsein verbindet" Weiters schreibt Ulrike Dietmann:

„Ich unterrichte die Heldenreise seit über zehn Jahren mit großem Erfolg. Durch die Pferde gewinnt die Heldenreise eine neue Tiefe, denn die Heldenreise beschreibt das Bewusstsein und die energetischen Prozesse der Pferde, die auch in uns Menschen angelegt sind."

1 Wer bin ich?

Ich bin: Reitlehrerin, Shiatsu-Praktikerin, Pferdebesitzerin, pferdenärrisch, Heldenreise-mit-Pferden-Trainerin, ... das alles bin ich – und doch viel mehr!

Die Liebe zu den Pferden zeigt sich wie ein roter Faden in meinem Leben. Schon als Kind zogen mich Pferde magisch an. Wenn ich einem Pferd begegnete, wurde alles andere unwichtig für mich. Als Jugendliche war ich der Überzeugung, ich darf nicht so sein, wie ich bin. Ich überstand die schwierige Zeit der Pubertät, weil Pferde mich so liebten, wie ich war. Als angepasste junge Erwachsene hielt ich meinen Traum vom eigenen Pferd für unerfüllbar. Doch der Ruf der Pferde wurde immer stärker und schließlich traten sie machtvoll in mein Leben.

Erst viele Jahre später wurde mir bewusst, dass ich Pferde nicht nur zu meinem persönlichen Vergnügen bzw. um damit Geld zu verdienen habe, sondern dass ich damit eine Lebensaufgabe erfülle.

1.1 Die Lebensaufgabe

Ich erinnere mich an meine Kindheit, an die Vorwürfe meiner Mutter, weil ich sehr oft unverblümt sagte, was ich mir gerade dachte. Damit habe ich sie in Gesellschaft anderer oft in Verlegenheit gebracht. In meiner Schulzeit eckte ich oft bei meinen Lehrern an, weil sie mir an meinem Gesicht deutlich ablesen konnten, was ich gerade über sie dachte. Daheim gab es oft Ärger, weil ich mit meinem Bruder nicht über meine Grenzen verhandeln konnte, sondern mich lautstark wehrte.

Meine Liebe galt und gilt den Pferden in besonderem Maße. Diese Versessenheit wurde innerhalb meiner Familie als „pferdenärrisch" bezeichnet. Nur mein Vater hielt insgeheim zu mir. Er hatte das Handwerk des Huf- und Wagenschmieds erlernt. Auch wenn er es nun schon lange Jahre nicht mehr ausübte, liebte er doch die Pferde auf seine raue Art.

Schon als kleines Mädchen hatte ich einen Traum: den Traum von einem eigenen Pferd.

„Unmöglich", sagten meine Eltern, „das können wir uns nicht leisten." Aber sie sorgten dafür, dass ich in den Sommerferien an dem von der Stadtgemeinde gesponsertem Reitunterricht teilnehmen konnte. Im Alter von 10 Jahren beschloss ich, Reitlehrerin zu werden.

„So ein Blödsinn", sagten meine Eltern, „lern was Gscheit's!"

Nach meiner Matura/Abitur wusste ich noch immer nicht, welchen Beruf ich ergreifen sollte, welches Studium mich fesseln könnte. Es war ein Dilemma. Ich interessierte mich für Tiermedizin, Theologie und Geschichte. Letztendlich aber brachte ich ein Kurz-Journalistikstudium, das sich eher so nebenbei ergeben hatte, zum positiven und begeisterten Ende. Doch danach gaben meine Eltern wieder die berufliche Richtung vor. Ein brotloser Job ohne ausreichende Sicherheiten wurde als nicht passend bewertet. Ich wandte mich anderen beruflichen Möglichkeiten zu und landete im Büro.

Im Alter von 30 Jahren rebellierte ich gegen alle Vernunftgründe und kaufte mir mein erstes Pferd. Ich erfüllte mir also meinen sehr lange gehegten Traum. Im Laufe der Jahre kam eins zum anderen. Ich holte die Ausbildung zur Pferdewirtin, zur Reitlehrerin und Wanderreitführerin nach und schloss einige Jahre später auch noch die Ausbildung zur Shiatsu-Praktikerin mit einem Diplom ab.

Ich hatte mein berufliches Leben endlich nach meinen Wünschen grundlegend verändert. Ich war glücklich, mit meinen mittlerweile zahlreichen Pferden leben zu können.

Wenn ich allerdings in einer ruhigen Minute über mein Leben nachdachte, fand ich keinen roten Faden. Alles erschien mir wie zufällig zusammengewürfelt, nichts ergab einen Sinn.

Was hatte denn mein Studium mit meinem jetzigen Leben zu tun? Und brauchte es wirklich ein Shiatsu-Diplom, damit ich mir selbst etwas Gutes tun konnte? Wozu hatte ich Pferde, wenn auf ihnen meine Reitschüler viel öfter ritten, als ich selbst? Ich befand mich mitten in einer Lebenskrise.

1.1.1 Die Erkenntnis

In unseren ersten Lebensjahren sind wir Menschen in Verbindung mit unserer Seele. Unser ganzes Wesen bildet eine Einheit und ist nicht getrennt in Verstand und Seele. Wir wissen, wer wir sind und in dieser Zeit als Kind leben wir ausschließlich im Hier und Jetzt. Als erwachsene Menschen haben wir diesen selbstverständlichen Zugang zu unserer Seele (fast) verloren. Es ist ein mühsamer Weg, diese Verbindung wieder wahrzunehmen.

Im Herbst 2013 saß ich auf dem Berg Sveti Nicolai, hoch über dem Meer auf der Insel Hvar und wartete auf den Sonnenaufgang. Ich beobachtete still, wie sich das Licht langsam von Osten her ausbreitete. Es sah aus wie eine Bugwelle, die das Sonnenschiff vor sich her schob. Ich war nicht allein, die anderen Teilnehmer einer Shiatsu-Fortbildung saßen in einigem Abstand am Hang verteilt. In dieser Zeit der meditativen Achtsamkeit hatte ich plötzlich das Gefühl, jemand stehe hinter mir, groß und mächtig. Ich erschrak und fürchtete mich sehr. Und ich sah die weiß gekleidete Gestalt mit einem Schwert in der Hand und viele Menschen und Tiere strömten auf sie zu, Schutz suchend und findend. Ich war überwältigt von der Ausstrahlung dieser Gestalt und von meinen eigenen Empfindungen. Zuerst dachte ich, ich sehe einen Engel, aber gleich darauf wusste ich, dass das nicht zutreffend war. Ich staunte und langsam fühlte ich, dass dieses Wesen ein Teil meiner selbst war. Langsam verblasste die Erscheinung und ich blieb erschüttert zurück. Erst der Sonnenaufgang brachte mich wieder in die Realität zurück.

Viele Wochen dachte ich über dieses Wesen nach, plötzlich wusste ich es: meine Seele hatte sich mir gezeigt. Doch was sollte ich mit den gezeigten Bildern, dem Schwert und den vielen Menschen und Tieren, anfangen? Ich folgte einem Gedankenimpuls und suchte im Internet nach der Bedeutung meines Vornamens „Waltraud". Bis dahin war ich überhaupt nicht begeistert von meinem Namen. Doch als ich bei Wikipedia nachlas, ergab die Erscheinung auf dem Sveti Nicolai für mich einen Sinn. Die Silbe ‚Wal' lässt sich auf die Wortwurzel Val, die Valstatt, das Schlachtfeld zurückführen und ‚traud' bedeutet ‚treu, loyal'.

Mein Name bedeutet also ‚Ich bin die, die den auf dem Schlachtfeld gebliebenen treu ist'. Mein Name beschreibt somit gleichzeitig meine Lebensaufgabe.

Mit diesem Wissen änderte sich alles für mich. Die Zeit der Unzufriedenheit war vorbei. ich erkannte nun den roten Faden, der sich von mir bis jetzt leider unbemerkt durch mein Leben zog. All die Krisen, die mich gebeutelt hatten, die Ausbildungen, die mir wichtig waren , die Menschen und Pferde, denen ich begegnet bin ergaben plötzlich Sinn. Sie waren dazu da, dass ich meine Lebensaufgabe, den Auftrag meiner Seele in dieser Welt, erkenne und erfülle.

Das Schlachtfeld symbolisiert für mich weniger einen Ort, als vielmehr die Umstände, wo Menschen und Tiere seelisch verletzt werden, ‚unter Beschuss' geraten oder ihr Leben verlieren können. Es ist meine Aufgabe, für diese Menschen und Tiere für eine gewisse Zeit Verantwortung zu übernehmen und ihnen Zeit und Raum für Heilung zur Verfügung zu stellen. Früher war ich oft verwundert, warum ich so oft mit Menschen und Tieren zu tun hatte, die einen seelischen Knacks erlitten oder ein schweres Schicksal zu tragen hatten. Aber nun war alles klar, jedes Puzzleteilchen lag an seinem Platz und ergab ein Bild.

1.1.2 Die Botschafterin

In meiner täglichen Arbeit vermittle ich zwischen Pferden und Menschen. Ich ermögliche und fördere heilsame Begegnungen zwischen ihnen und mache sie erlebbar. All meine Pferde, all meine zusätzlichen Ausbildungen dienten und dienen diesem Ziel. Während meiner ersten geführten schamanischen Reise zu den Pferdeahnen erlebte ich folgendes:

Ich schloss meine Augen und begab mich in Gedanken an einen Platz in der Natur, an dem ich mich sicher und geborgen fühlte. Ich lehnte meinen Rücken an eine Kapelle hoch über dem Meer, die dem Hl. Nikolaus geweiht ist. Ich spürte die Steine, auf denen ich saß und erwartete den Sonnenaufgang. Ein schneeweißes Pferd tauchte neben mir auf. Zuerst erkannte ich es nicht, doch dann entdeckte ich die mächtigen, ebenfalls weißen Flügel, die sich aus den Schultern aufspannten. Pegasus holte mich ab zu einer Reise zu den Pferdeahnen.

Ich setzte mich auf seinen Rücken, meine Hände fest mit seiner Mähne verflochten. Ich war berauscht von der Flughöhe, von seinem mächtigen Flügelschlag und seiner Kraft. Er flog mit mir über höchste Berge und deren schneebedeckte Gipfel. Doch das Ziel war ein dahinter verborgenes Tal. Langsam verlor mein geflügeltes Reittier an Höhe und setzte mich schließlich in dem Tal ab. Ich hatte plötzlich Angst, ihn nicht wiederzufinden, wenn ich mich von ihm entfernte. Doch genauso plötzlich hatte ich die Gewissheit, dass er genau hier auf mich warten würde. Beruhigt stieg ich ab und machte mich auf den Weg.

Es war nicht bloß die Dämmerung, die die Nacht noch nicht zum Tage hatte werden lassen. Es herrschte Düsternis und ich fühlte Beklommenheit. Ich erkannte kaum Einzelheiten, aber ich war mir sicher, dass ich auf einem Schlachtfeld gelandet war. Ich spürte all das Leid, dass hier geschehen war. Ich sah das im Boden gespeicherte Blut und spürte die Stille, die nur der Tod mit sich bringt. Ich suchte nach Überlebenden. Schemenhaft erkannte ich durch den Nebel eine Gruppe von Pferden. Sie kamen auf mich zu und waren mir offensichtlich freundlich gesinnt. Eins nach dem anderen suchte seinen Platz im Halbkreis vor mir und betrachtete mich genauso aufmerksam, wie ich sie. Mein Blick blieb schließlich an einem großen, kräftigen Fuchs hängen. Ich spürte seine enorme Kraft und Präsenz hinter seinem ruhigen Sein und Ehrfurcht erfüllte mich. Würdevoll richtete er das Wort an mich:

„Willkommen in der Welt der Pferdeahnen. Wir haben dich für eine wichtige Aufgabe auserwählt." Ich brachte kein Wort heraus, so erstaunt war ich. Doch er fuhr fort:

"Wir senden dich als unseren Botschafter in die Welt!" Ich war entsetzt.

"Was?? Wie kann ich eine Botschafterin sein? Dafür bin ich völlig ungeeignet! Noch dazu für so eine wichtige Aufgabe!" Ich war mir sicher, verwechselt worden zu sein.

Still standen die Pferde im Halbkreis mir gegenüber. Der Fuchs schaute mich lange voller Mitgefühl an. Ich fürchtete mich davor, dass er vielleicht doch recht haben könnte. Plötzlich ertönte seine Stimme:

„Wir haben unser Herzblut dafür gegeben - und auch für dich!"

Das stimmte. Tränen stürzten mir aus den Augen, doch es war nicht mehr die Angst, die mich bewegte. Die Tränen schwemmten meine Zweifel hinweg. Ich spürte die Gewissheit, dass das tatsächlich meine Aufgabe ist. Mein ganzes Leben hatte ich mir anhören müssen, wie undiplomatisch ich doch sei. Ich wäre viel zu direkt und oft wie ein Elefant im Porzellanladen im Umgang mit meinen Mitmenschen. Trotz alldem wusste ich, auch wenn diese Aufgabe mir schwer und nahezu unbewältigbar erschien, konnte und wollte ich mich nicht davor drücken. Langsam versiegten meine Tränen.

Sanft strömte die Pferdeenergie mir zu. Die Herde war bestrebt, mich bei dieser Aufgabe zu unterstützen. Ihr Anführer sah mich an und sprach:

„Wir machen dir ein Geschenk. Es ist kostbar und es wird dir immer zur Verfügung stehen!"

Die Herde teilte sich und ein wunderschönes, sanftes Fuchs-Fohlen mit einem Stern auf der Stirn löste sich aus der Gruppe. Ich betrachtete es hingerissen und sah, dass es auf mich zukam. Es beschnupperte mich, stupste mir seine samtige Nase an meine Wange und blies mir seinen Atem ins Gesicht. Es schmiegte sich an mich, wie sich ein Kätzchen voller Liebe und Zuneigung einem in die Halsbeuge schmiegt. Mein Herz ging auf und ich lachte und weinte gleichzeitig! Ich fühlte mich von diesem Fohlen geliebt, bedingungslos geliebt! Und ich erkannte: nicht das Fohlen selbst war das Geschenk, sondern seine Liebe!! Und noch etwas erkannte ich: ich war es wert, so ein Geschenk zu erhalten!!

Ich ließ die Angst, ungeliebt zu sein, los und nun konnte ich meine Aufgabe mit Freude betrachten. Die Pferde senkten ihre Köpfe. Sie leckten und kauten und signalisierten mir so, dass sie meine Gefühle wahrgenommen und mit Wohlwollen betrachtet hatten. Ich bedankte mich bei den Pferden, drehte mich um und ging.

Langsam entfernte ich mich von der Herde und trat den Rückweg an. Ich fand meinen geflügelten Begleiter Pegasus genau an der Stelle, an der ich ihn verlassen hatte. Ich stieg auf und er brachte mich zurück zur Kapelle hoch über dem Meer. Auch ihm dankte ich für diese Reise und dass er mich wohlbehalten wieder zurückgebracht hatte.

Dieses Fohlen, das mir während dieser schamanischen Reise ‚geschenkt' wurde, steht für die Liebe an sich, für das Geschenk der Liebe an mich.

1.1.3 Vorwärts leben, rückwärts verstehen

Die Antwort auf die Frage nach der eigenen Identität, nach dem ‚Wer bin ich?', lässt sich nicht so einfach festlegen. Für mich ist die Antwort das Resultat eines inneren Reifeprozesses, des lebenslangen Lernens mit oder ohne Pferd.

Ich bin eine Botschafterin für einen bewussten Umgang mit den Pferden. Ich bin dem Wohlbefinden und den Interessen der Pferde gegenüber loyal. Ich bin eine unbequeme Reitlehrerin, weil ich mich von ‚der Gaul muss funktionieren' verabschiedet habe. Lieber lege ich meinen Reitschülern nahe, sich körperlich, geistig und seelisch weiterzuentwickeln.

Ich bin also voller Erfahrungen, bin auf der Suche nach der Fülle des Lebens, bin manchmal eins mit dem Universum, bin bemüht, dem roten Faden meines Lebens zu folgen, bin PferdeMensch, bin empfänglich für die Weisheit der Pferde und der Spirits, ...

Wenn ich auf mein bisheriges Leben zurückblicke, verstehe ich nun die Bedeutung der Wendepunkte. Ich erkenne die Notwendigkeit von Tiefs und Lebenskrisen. Ich sehe auch, welch großen Anteil meine Pferde an meiner Weiterentwicklung haben und hatten! Das war nicht immer so. Das Leben vorwärts zu leben und es rückwärts zu verstehen hat es mir ermöglicht, mehr Geduld mit mir und den Schicksalswendungen meines Lebens zu entwickeln.

Ich möchte auch dich einladen, herauszufinden, wer du bist und was sich deine Seele vorgenommen hat, in diesem Leben durch deinen Körper und deinen Geist zu erfahren. Was macht dich einzigartig und unterscheidet dich von allen anderen Menschen? Was möchte durch dich in die Welt kommen?

Wenn du ein Pferd hast, möchte ich dich einladen, herauszufinden, warum du ausgerechnet diesem Pferd begegnet bist, was dieses Pferd für dich an Weisheit bereithält und welche

Aufgaben es mit dir gemeinsam – für sich und für dich – lösen möchte.

1.2 Archetypen

Laut Wikipedia sind Archetypen Urbilder, die C.G. Jung als angeborene universale Kategorien, Urvorstellungen und zentrale Elemente (zB der Held, die Mutter, der Narr, usw.) des kollektiven Unbewussten beschreibt. Diese zentralen Elemente sind seit Urzeiten allen Menschen gemeinsam, sie prägen und strukturieren deren Lebenserfahrungen. Die Erscheinung der Archetypen erfolgt in einer Fülle von Symbolen, die wir in Träumen, Märchen, Mythen, Religion, Kunst, also in Produkten unserer Kultur, vorfinden oder auch durch aktive Imagination selbst hervorrufen können. Das kollektive Unbewusste enthält die Gesamtheit aller Archetypen als Niederschlag allgemeinmenschlicher Erfahrungen.

Auch wenn wir uns einem Archetyp hauptsächlich zugehörig fühlen, so gibt es doch auch einzelne Aspekte anderer Archetypen genauso in uns. Unsere Pferde verkörpern mit ihren Verhaltensmustern, ihrem Lebensweg und ihrer Lebensaufgabe ebenso einen Archetyp, den es lohnt, herauszufinden. Stellvertretend für die vielen Pferde, die mir schon in meinem Leben begegnet sind, möchte ich dir die vorstellen, die mich am stärksten geprägt haben.

1.2.1 Erste Liebe: Gustl

Meine Großeltern lebten in einem kleinen fränkischen Als Jugendliche durfte ich jahrelang mehrere Wochen meiner Sommerferien bei ihnen bzw. bei Onkel und Tante verbringen. An den Vormittagen nahm ich pflichtgemäß Aufgaben in ihrem Haushalt wahr. Aber an den Nachmittagen war ich verschwunden. Die Attraktion des Dorfes war nämlich für mich, dass ein Cousin meiner Mutter Pferde hatte! Am Anfang besaß er zwei Shetlandponys für seine Kinder. Im Jahr darauf kam ein Fjordpferd dazu und bald darauf kaufte er auch zwei Warmblüter für sich selbst. Sepp, so hieß der Cousin meiner Mutter, erlaubte mir den Umgang mit seinen Pferden und mit seiner Tochter verbindet mich noch heute eine wunderbare Freundschaft.

An vielen Nachmittagen brachten wir den Ponys Kunststücke bei. Wir ritten mit ihnen die Hofeinfahrt hinauf und wieder hinunter oder genossen einfach nur die Zeit mit den Pferden gemeinsam auf der Koppel. Das Fjordpferd hieß Gustl. Durch seinen Kauf hatte Sepp ihn aus schlechter Haltung befreit. Gustl war eingefahren und Sepp spannte ihn schon auch mal vor den Mistkarren. Zum Reiten kaufte er ihm einen Westernsattel. Ich war elf Jahre alt und total vernarrt in Gustl, er war meine erste Pferdeliebe!

Seine anfängliche Reserviertheit und sein Misstrauen verschwanden mit der Zeit. Bei Sepp hatte er es richtig gut. Wenn ich die Fotos von damals betrachte, fällt mir auf, dass Gustl im ersten Jahr noch richtig mager war. Später zeigte er sich mit einer typischen Fjordfigur. Zu dritt saßen wir – meine Großkusine, ihr Bruder und ich - auf der Koppel direkt unterm Kirschbaum auf seinem Rücken. Wir nutzten die erhöhte Ausgangsposition, um uns an den süßen Früchten zu laben. Geduldig ließ er alles mit sich machen. Wenn es ihm zuviel wurde, ging er einfach ein paar Schritte weiter zum Grasen. Auch seine Frisur änderte sich vom rassetypischen Bürstenschnitt zur langen, schwarz-beige melierten Mähne.

Sepp nahm mich oft auf seine Ausritte in die ausgedehnten fränkischen Kiefernwälder mit. Gustl war ein absolutes Verlasspferd. Meistens waren wir zu dritt. Sepp auf seinem großen Warmblut, ich auf dem kleineren Gustl und meine Freundin auf ihrem heißgeliebten Shetty. Ich konnte aber auch einfach nur stundenlang auf der Koppel sitzen oder liegen und den Pferden beim Grasen zusehen. Meistens kam Gustl dann und fraß eine Runde um mich herum, bis ihm wieder ein anderer Flecken attraktiv erschien.

Jeder Abschied nach diesen glücklichen Wochen war für mich furchtbar und ich musste wieder ein ganzes Jahr ohne dieses Pferd auskommen. Die Entfernung von rund 600 Kilometern machte Besuche unmöglich. Doch der allerschönste Moment stand mir dabei wieder bevor. Wenn ich am ersten Tag nach meiner Ankunft im Dorf zur Weide lief und laut seinen Namen rief, erschallte mir von weit unten am Hang ein lautes Wiehern entgegen! Sofort machte sich Gustl auf den Weg, kletterte zu mir herauf und begrüßte mich brummelnd. In diesem Augenblick war für uns beide wieder die Welt in Ordnung.

Gustl war kein spektakuläres Pferd mit herausragenden, messbaren Leistungen, aber er hat mir ein wunderbares Geschenk gemacht. Er hat mir sein Herz geöffnet und mir gezeigt, was für eine Verbindung zwischen Mensch und Pferd möglich ist!!!

1.2.2 Die Lehrmeisterin: Una frá Sydra-Skördugili

Viele Pferdebesitzer haben den Kauf ihres Pferdes so oder ähnlich erlebt wie ich. Als eine Entscheidung entgegen alle Vernunft aus dem Bauch heraus.

Schon als Kind wollte ich ein eigenes Pferd haben, die finanzielle Lage meiner Eltern ließ aber nicht einmal einen regelmäßigen Reitunterricht zu. Im Alter von achtundzwanzig Jahren erfüllte ich mir einen anderen langgehegten Wunsch und nahm an einer Reittour in Island teil. Schon als Kind hatte ich in der Reitschule eine Vorliebe für kleinere Pferde. Es zog mich so gar nicht zu den großen Warmblütern hin. Als Vorbereitung für den Reiturlaub in Island nahm ich deshalb etliche Reitstunden auf Isländern. Es war für mich wie ‚heimkommen'. Die Größe, das Wesen und der unkomplizierte Umgang mit ihnen fühlte sich für mich einfach richtig an. Diese Reittour auf Island war ein unvergesslich schönen Urlaub! Wieder daheim entschied ich mich, weiterhin regelmäßig auf Islandpferden zu reiten. Nach weiteren zwei Jahren wurde ich von den Hofbesitzern und Züchtern dieser Rasse gefragt, wann ich mir denn ein eigenes Pferd kaufen würde. Meine Antwort klang sehr ähnlich wie die meiner Eltern, als ich noch ein Kind war:

„Eure Preise kann ich mir eh nicht leisten." Doch dann fügte ich noch hinzu:

„Aber wenn ich es mir leisten könnte, würde ich die Una [sprich: üna] kaufen!"

Una war eine aus Island importierte Stute. Sie war damals dreizehn Jahre alt und im Reitbetrieb eher unbeliebt und als stur verschrien. Wenn man sie an den Ohren anfassen wollte, stieg sie. Wenn man ihre Hufe reinigen wollte, waren diese immer sehr lange im Boden ‚verwurzelt'. Die Gerte fürchtete sie schon aus der Entfernung und männliche Tierärzte sowie der Hufschmied ließen sie vor Angst zittern.

Alles in allem war Una nicht wirklich ein Pferd für eine ‚Anfängerin'. Ihr Kauf war eine Entscheidung aus dem Bauch heraus, aus einem für mich noch tief verborgenen Wissen, dass dieses Pferd und ich zusammengehören. Ich kann nicht einmal sagen, dass sie mir besonders zugetan war oder es mir leicht gemacht hat, ihr Vertrauen zu gewinnen. Und trotzdem war da etwas. Wie ein feiner Faden, der sich zwischen uns zu spinnen begann und der diese völlig ‚unvernünftige' Entscheidung hervorbrachte.

Ich kann mich an einen Winterausritt erinnern, an dem sie mir – damals noch nicht in meinem Besitz - zugeteilt wurde. Una war trächtig. Ihr Bauch schon einigermaßen dick und ihre Kondition ließ zu wünschen übrig. Wie es an diesem Hof üblich war, wurde ein etliche Kilometer entferntes Gasthaus als Ziel des Ausrittes ausgewählt. Die Strecke führte entlang einer schneebedeckten Nebenstraße ständig leicht bergauf und wurde fast nur im Tölt geritten. Ich merkte sehr schnell, dass die Stute das hohe Tempo nicht mithalten konnte. Deshalb gönnte ich ihr immer wieder Schrittpausen. Die Gruppe war schon lange nicht mehr zu sehen, keiner kümmerte sich um uns.

„Wenigstens kommen sie den gleichen Weg wieder zurück", dachte ich mir. Als wir endlich auch beim Gasthaus ankamen, hatten wir gerade noch Zeit für eine kurze Ruhepause, bevor es wieder zurück zum Hof ging. Ich hätte einfach ohne Rücksicht auf ihre Befindlichkeit das von der Gruppe vorgegebene Tempo von ihr einfordern können.

Una war schließlich ein Hornafjördur-Pferd. Das ist eine isländische Blutlinie, die dafür bekannt ist, dass sie hart im Nehmen ist. Sie geben und verlangen sich über ihr Leistungsvermögen hinaus alles ab. Wahrscheinlich hätte ich sie auch mit genügend Druck dazu zwingen können, das Tempo mitzumachen. Aber ich fühlte mich für ihr Wohlbefinden verantwortlich, auch wenn der Rittführer oder die Gruppe sich nicht dafür interessierten. Vielmehr hat sie mich wichtige Dinge über das Leben im Allgemeinen und über mein eigenes Leben im Besonderen gelehrt.

Mütterlichkeit

Als ich Una kaufte, hatte sie schon fünf Fohlen geboren. Ich dachte, wenn ich mir auch ein Fohlen von ihr züchte, welches dann als fünfjähriges Pferd reitbar wäre, dann wäre Una ja schon im hohen Alter von neunzehn Jahren und reif für die Rente. Dachte ich. Ich hatte damals noch keine Ahnung, wie alt

Isländer werden und wie lange sie leistungsfähig bleiben können. Gesagt getan. Ich ließ meine Stute decken und so begann mit ihr nicht nur mein Weg als Züchterin, sondern es war auch der entscheidende Impuls, aus dem sich mein weiterer Lebensweg ergab.

Ich absolvierte im zweiten Bildungsweg die Ausbildung zum Pferdewirt, zum Übungsleiter für Islandpferde und zum Wanderreitführer. Gemeinsam mit meinem späteren Mann habe ich einen Reit und Zuchtbetrieb aufgebaut und geführt.

Una hat mir in den folgenden Jahren weitere sieben Fohlen geschenkt, das letzte im hohen Alter von 23 Jahren. Weitere Stuten kamen im Laufe der Jahre dazu. Alle haben sie mit ihrer Mütterlichkeit dazu beigetragen, dass mein Traum von einem Pferdehof erlebbar wurde. Unsere Beziehung war nie einseitig, sondern von gegenseitiger Loyalität geprägt.

Vertrauen

Was braucht es, um sich gegenseitig vertrauen zu können? Mit einem TTellington-Kurs fing es an. Ich lernte, meiner Stute Grenzen zu setzen und ihre Grenzen zu respektieren. Sie lehrte mich, was es grundsätzlich braucht, um ein guter Führer zu sein. Ich half ihr, mit ihren Ängsten umzugehen und zum Dank ging sie mit mir überallhin. Ich betrachtete sie nie als ‚Sportgerät', das mir einfach nur zu gehorchen hatte. Vielmehr war sie für mich eine gleichwertige Partnerin auf Augenhöhe.

Bei einem Überstellungsritt in einen neuen Stall waren wir einen ganzen Tag in unbekanntem Gelände unterwegs. Wie so oft stimmten die auf der Karte eingezeichneten Wege nicht mit der Realität überein. Una folgte mir bereitwillig weg vom alten Stall. Sie kehrte geduldig wieder mit mir um, wenn wir in einer Sackgasse gelandet waren. Sie wartete, bis ich den unüberwindlichen Holzverhau im Hohlweg soweit auseinandergezerrt hatte, damit ich ihre Füße nacheinander in die freigewordenen Flecken dirigieren konnte. Sie überquerte neben mir mutig die völlig unbekannte, laute Autobahn und fügte sich unkompliziert in die neue Herde ein. Ich verließ mich auf sie und sie verließ sich auf mich.

Doch dieses gegenseitige Vertrauen fiel uns nicht einfach so in den Schoß. In unserem ersten gemeinsamen Jahr hatte ich mit einigen für mich unangenehmen Eigenschaften meiner Stute zu kämpfen. Die damalige Ausbildung von Pferden in Island war völlig konträr zu meiner Reitausbildung. Zügel aufnehmen übersetzte Una mit ‚schneller werden'. Zügel verkürzen, weil ich langsamer werden wollte, bedeutete für Una eine Erhöhung des Leistungsdrucks. Sie wurde noch schneller. Ich fürchtete mich bald vor dem bergab reiten mit ihr. Außerdem berechnete sie im Wald ihren Abstand zu den Bäumen ohne Rücksicht auf meine Beine. Sehr oft hatten meine Knie schmerzhaften Kontakt mit dem Holz.

Eines Tages hatte ich mich beim Ausritt in der Zeit verschätzt. Es dämmerte schon. Das letzte Teilstück des Heimweges führte mich bergab durch einen Wald. Hier war es jedoch schon stockfinster! Ich sah weder die Hand vor meinen Augen, geschweige denn den Verlauf des Weges. Ich stoppte mein Pferd und spürte, wie die Angst in mir hochstieg. Zu Fuß gehen war also keine Option, denn ich sah nichts. Vor dem weiter reiten fürchtete ich mich genauso. Minutenlang saß ich auf meinem geduldig wartenden Pferd. Ich kämpfte mit meiner Furcht, bis mir endlich die Lösung einfiel. Pferde sehen in der Dunkelheit einfach besser und ich musste Una vertrauen, wenn ich nicht im Wald übernachten wollte. Es war eine riesige Überwindung für mich, ihr den Zügel einfach auf den Hals zu legen. Ich bat sie:

„Una, bring uns heim" und sie trug mich langsam, vorsichtig und mit dem richtigen Abstand zu den Bäumen durch die Dunkelheit.

Dieses Erlebnis festigte unsere Beziehung nachhaltig. Ich hatte mich ihr hingegeben. Ich hatte ihr sozusagen mein Leben anvertraut und sie trug mich sicher. Das klingt für viele Menschen möglicherweise sehr pathetisch. Für mich aber war es die allergrößte Überwindung meines Lebens und ihr Geschenk an mich war ihre Achtsamkeit.

Leben in der Herde

Una drängte sich nie vor, strebte nicht nach Macht und Einfluss. Sie lehrte mich, dass ein niedriger Rang in der Herde nicht gleichbedeutend ist mit unglücklichen Lebensbedingungen oder Scheitern. Una hatte durchaus Freundinnen in der Herde und pflegte das Fellkraulen mit ihnen. Sie wich den ranghöheren Pferden aus, ließ sich aber nicht einfach herumschubsen.

Mehrere meiner Reitschüler betrachteten sie oft mitleidig und bedauerten sie wegen des in ihren Augen schlimmen Schicksals. Die letzte in der Rangordnung der Herde zu sein war für diese Menschen auf gar keinen Fall erstrebenswert. Für Una war es jedoch ganz normal. Sie hatte einen fixen Platz in der Herde und die Herde bot ihr Schutz. Es waren die Menschen, die sich damit nicht abfinden konnten, die ihren Selbstwert gerne mit ihrer gesellschaftlichen Stellung verbinden.

Es ist also vielmehr eine Frage der Perspektive und dessen, was die Seele denn in diesem Leben erfahren möchte.

Verletzungen

Wenn ein Pferd verletzungs- oder altersbedingt nicht (mehr) geritten oder anderweitig ‚gearbeitet' werden kann, bedeutet es nicht, dass es nutzlos ist. Der Umgang mit ihren Verletzungen oder der Abnahme ihrer Leistungsbereitschaft birgt auch für uns ein enormes Potential an Erfahrungen. Wir werden mit unseren

Glaubenssätzen und der daraus entstandenen inneren Haltung konfrontiert.

Wenn wir solche Pferde einfach wegstellen und die Verantwortung dafür abgeben oder sie dem Metzger überlassen, berauben wir uns selbst der Möglichkeit, uns weiterzuentwickeln. Dann verpassen wir eine große Chance, die das Leben uns bietet: nämlich uns mit unserer eigenen Verletzlichkeit, der Abnahme unserer Leistungsbereitschaft und unserem Tod auseinanderzusetzen.

Viele Krankheiten und Verletzungen unserer Pferde haben mit einer Störung in unserem Energiefeld zu tun. Aus Liebe zu uns machen die Pferde - und auch andere Tiere, die uns zugetan sind - dies für uns ‚sichtbar'. Die Pferde nehmen trotz körperlicher Gebrechen einen energetischen Raum ein und bieten uns weiterhin einen Austausch auf spiritueller Ebene an. In ihren letzten Lebensmonaten war Una fast blind, trotzdem ließ sie Teilnehmer der pferdegestützten Bewusstseinserfahrung an ihrer tiefen Weisheit teilhaben.

Liebe

Una war immer bereit für eine Herzensverbindung zu mir, zu ihrem Menschen. Sie stellte sie mir einfach und selbstverständlich zur Verfügung.

Sie durfte bei mir so sein, wie sie ist, mit all ihren Stärken und Schwächen. Und ich durfte bei ihr auch so sein, wie ich bin, mit all meinen Stärken und Schwächen. Damit hat sie meine bisherigen Erfahrungen mit den Menschen ausgeglichen. Sie hat meinen Hader auf ‚mich verbiegen müssen, um geliebt zu werden' mit bedingungsloser Liebe aufgewogen.

Una hat mir nie etwas vorgeworfen oder nachgetragen, vielmehr hat sie geduldig darauf gewartet, dass ich meine Irrtümer erkannte und für Veränderung sorgte. Ihre Liebe war an keine Bedingungen oder Leistungen gebunden. Das ist eine Einstellung, die alle Pferde uns voraus haben, sie stellen keine Bedingungen für ihre Liebe. Das, was sie für uns tun, tun sie aus Liebe. Sie tragen uns, sie strengen sich für uns an und sie unterstützen uns energetisch. Sie wenden sich nicht von uns ab, nur weil wir alt und nicht mehr so leistungsfähig sind. Das alles müssten sie nicht für uns tun – und sie tun es trotzdem.

Tod

Als Una mein Pferd wurde, hatte sie bereits traumatische Erlebnisse mit Männern im Allgemeinen, Hufschmied und Tierärzten im Besonderen hinter sich. Sie geriet in Panik, wenn man sie im angebundenen Zustand impfen wollte. Dann riss sie sich oder den Haken zum Anbinden gleich mit los. Ich löste das Problem, indem ich sie frei stehend selbst impfte. Intravenöse Injektionen oder Blutabnahmen waren jedoch nie möglich. Gott sei Dank war sie Zeit ihres Lebens so gesund, dass sie das auch nie brauchte. Auch die Eingabe von Entwurmungspasten hätte sie am liebsten vermieden, wenn es ihr möglich gewesen wäre.

Im hohen Alter von sechsunddreissig Jahren verließ sie jedoch langsam ihre Lebenskraft. Sie erkannte meine Sorgen und begegnete mir in einem Traum. Sie vermittelte mir, dass nun der richtige Zeitpunkt da wäre, das Leben auch wieder loszulassen. Nun war es an mir, einen gangbaren Weg zu suchen und mich auf ihren Abschied vorzubereiten. Ich erklärte ihr meinen Plan und sie duldete es diesmal ohne Widerstand, dass ich ihr die Tube mit der Paste zum Sedieren ins Maul schob. Danach erwarteten wir die Tierärztin auf einer dem Herdenauslauf angrenzenden Wiese. Ohne Panik erlaubte sie der Tierärztin das Stechen mit der Injektionsnadel und machte sich auf den Weg in die Welt der Pferdeahnen.

Der Schmerz, dass sie nun nach den vielen gemeinsamen Jahren nicht mehr bei mir ist, ist nach wie vor groß. Aber der

Tod an sich und die Begleitung im Sterben sind für mich Teil des Lebens und untrennbar miteinander verbunden. Sein Pferd im Sterben zu begleiten ist Teil der Verantwortung für dieses Lebewesen, die wir beim Kauf übernommen haben.

Schicksal

Una's größte Stärke war, ‚im Fluss zu sein' und sich nicht gegen das Leben oder das Schicksal aufzulehnen. Sie hat alles so genommen, wie es kam und hat das Beste daraus gemacht. Abschied von Island, Abschied von ihren Fohlen, Abschied von Ängsten und Gewohnheiten und schließlich Abschied von mir und dieser Welt. Sie war bereit, immer wieder etwas Neues zu lernen, sich neuen Aufgaben zu stellen und immer wieder über sich hinauszuwachsen. Sie war nie spektakulär, sie war (m)eine stille Heldin!

1.2.3 Die Königin: Prinsessa von Faltensteffl

Selbst wenn man in eine Königsfamilie hineingeboren wird, kommt man nicht als Königin auf die Welt. Es ist schließlich nicht nur ein Regierungsamt, das man als Königin übernimmt. Man ist auch verantwortlich für das ganze Königreich und seine Bewohner.

Ein Königreich muß verteidigt werden. Eine Königin braucht Unterstützung durch loyale Mitarbeiter und ein klares Bewusstsein über den eigenen Wert. Mein Pferd Prinsessa hat mich inspiriert, über diese Aspekte nachzudenken. Sie lebte mir jahrelang vor, wie man zur Königin reift. Als ich es endlich begriffen hatte, verließ sie diese Welt.

Prinsessa von Faltensteffl: Als ich auf die Welt kam, war allen sofort klar, wer ich bin und dass es nur einen möglichen Namen für mich gibt. Schließlich stamme ich aus uraltem isländischem Adel und mein Name ist meine Bestimmung.

Meine ersten Lebensjahre verbrachte ich mit meinen Verwandten und Freundinnen auf meinem Geburtsgestüt. Eine Prinzessin braucht eine loyale Begleiterin und so lief ich mit meiner besten Freundin Sara im Sommer über die weitläufigen Bergweiden. Wir stillten unseren Durst am Bach und genossen das Leben in seiner Schönheit. Als ich drei Jahre alt war, durfte ich an einer Nachzuchtschau meines Großvaters Skotti frà Hesti teilnehmen. Hier begegnete mir zum ersten Mal die Frau, die ich später durch ihr Leben begleiten sollte. Sie betrachtete mich intensiv und mit einem sehnsüchtigen Blick. Wir nahmen es beide damals noch nicht wahr, aber ein feiner Faden war nun zwischen uns gesponnen.

Ich erinnere mich an mich als vierjähriges Mädchen. Ich tanzte durch den Garten und war angetan mit dem weißen Petticoat vom Brautkleid meiner Mutter.

„Grüß dich, Waltraud", rief die Nachbarin vom Balkon herab, „was hast Du denn für ein hübsches Kleid an?"

„Gell, das ist schön!", ich breitete meine Arme aus und brachte den weiten Rock zum Schwingen.

„Ich bin nämlich eine Prinzessin!", rief ich ihr voller Überzeugung zu. Viele Jahre später war von dieser Überzeugung fast nichts mehr übrig. Ich hatte neue Glaubenssätze für mich gefunden und lebte nach ihnen. Anpassung statt Vorbild, Unsicherheit statt Klarheit, Selbstzweifel statt Begeisterung. Als Kind hatten mir diese Verhaltensmuster Sicherheit verschafft. Jetzt, als Erwachsene, waren sie mir nicht mehr dienlich, doch ich hatte es noch nicht erkannt.

Pferde waren immer schon in meinen Träumen. Ich trug diese Sehnsucht in meinem Herzen, die nur in der Begegnung mit den Pferden Erfüllung fand. Oft ertappte ich mich dabei, dass ich meinen Blick aus dem Bürofenster schweifen ließ. Dabei fragte ich mich selbst, was ich hier eigentlich machte. Doch das anerzogene Bedürfnis nach einem ‚sicheren Job' prägte lange Jahre mein Handeln. Dabei hatte meine Seele schon längst begonnen, mit mir zu üben, wie es ist, sich einen Traum zu erfüllen.

Im Alter von dreissig Jahren hatte ich mir mein erstes Pferd Una gekauft, die ich noch im gleichen Sommer decken ließ. Una bekam ihr Fohlen und ich stand vor einem weiteren Wendepunkt in meinem Leben. Sollte ich weiterhin meine Pferde in einem Reitstall einstellen und mich mit den Unzulänglichkeiten abfinden, mit denen man dort konfrontiert ist? Es gab zuwenig Futter für eine rangniedrige Stute mit einem schutzbedürftigen Fohlen bei Fuß. Im Winter fand ich eingefrorene Tränken vor und schleppte daher eimerweise Wasser für mein Pferd. Oder sollte ich mir einen Platz suchen, wo ich gemeinsam mit meiner Stute und ihrem Fohlen leben und nach meinen Vorstellungen für sie sorgen könnte?

Mein Traum hatte schon eine Eigendynamik entwickelt und so machte ich mich auf die Suche nach einem ‚Sacherl', so nennt man in der Steiermark einen kleinen Bauernhof. Nicht lange danach wurde ich fündig. Ich konnte so einen Bauernhof pachten und versorgte außer meinen eineinhalb Pferden auch noch die zwei Isländer meiner Verpächter. Doch dabei sollte es nicht bleiben. Mit einem befreundeten Züchterehepaar handelte ich einen Deal aus. Ich sollte eine ihrer Jungstuten bereiten und dafür durfte ich mir aus ihr und aus Una je ein Fohlen von einem ihrer Hengste ziehen. Das war ganz nach meinem Geschmack.

Prinsessa: Ein Jahr später sollte ich meinen ersten Sommer mit einem Hengst verbringen. Sara war ein Jahr jünger als ich und so trennten sich hier für einige Zeit unsere Wege. Alter isländischer Adel oder ein Weltmeister, das war hier die Frage. Ich entschied mich für den Weltmeister und war ihm einige Jahre treu. Nach diesem Sommer begann für mich der sogenannte ‚Ernst des Lebens'. Ich verließ mein Heimatgestüt und lebte von nun an bei Waltraud, der vorhin erwähnten Frau und ihren Pferden, bei denen ich sofort die Führungsrolle übernahm. Meine erste eigene Herde!

Ich wurde zum Reitpferd ausgebildet und erlernte die grundlegenden Kenntnisse, bis ich einfach zu dick wurde zum Reiten. Es dauerte allerdings danach nur noch ein paar Wochen, bis die nächste völlig neue Aufgabe für mich auf wackeligen vier Beinen im Gras stand und mein Euter suchte: mein erstes Fohlen!

Auch Una hatte fast gleichzeitig mit mir ihr Fohlen bekommen. Wir waren gleichermaßen fasziniert von diesen unvergleichlichen Wesen. Mondfärbig und rappgescheckt waren sie und im Gleichschritt galoppierten wir über die Wiese.

Als die beiden Fohlen auf der Welt waren, nahmen meine Freundin Manu und ich sie auf unsere Ausritte mit. Es war ein Sommer voller Freude und Freiheit. Einzig die bevorstehende Trennung von Prinsessa trübte mir das Glück. Ich verschaffte mir einen Überblick über meine Finanzen und räumte das Problem aus dem Weg, indem ich Prinsessa kaufte. Es war wie bei Una, meinem ersten Pferd. Die Entscheidung traf ich, vermeintlich gegen alle Vernunft, aus dem Bauch heraus. In diesem Sommer entdeckte ich auf den Pferdeweiden erstmalig die wunderbar gelb blühenden Königskerzen.

Prinsessa: Gemeinsam erlebten wir einen Sommer voller Freiheiten. Bei den Ausritten liefen die Fohlen an unserer Seite oder voller Neugierde voraus. Tja, neugierig waren die beiden ohne Ende und ebenso einfallsreich und zu Scherzen aufgelegt. Eines Nachts hatten die beiden entdeckt, dass sie unter dem Elektrozaun durchschlüpfen konnten, wenn sie nur schnell genug die Strombänder mit dem Mähnenkamm hochhoben. Meine Verzweiflung war groß, immerhin war ich ja für alle verantwortlich und nun konnte ich sie nicht beschützen! Ich hatte zuviel Respekt vor dem Strom und konnte unseren Kleinen nicht folgen. Das brachte mich fast um den Verstand.

Anscheinend hatte jedoch ein Nachbar die beiden Ausreißer entdeckt. Per Telefon hatte er meine Besitzerin informiert, sodass die Kleinen bald wieder in meiner Obhut waren. Insgeheim waren die Abenteurer auch froh, wieder daheim zu sein. Doch der Schreck saß uns noch lange in den Gliedern. Waltraud hatte bald darauf Gegenmaßnahmen ergriffen und beim nächsten Ausbruchsversuch machten die zwei Helden intensive Bekanntschaft mit dem Strom, weil sich der Zaun nicht mehr aufheben ließ.

Prinsessa von Faltensteffl und Mánaskin von Móna-Arnanesi

Einige Zeit später hatte sich die Frau mit einem Mann zusammengetan und gemeinsam verwirklichten sie ihren Traum vom Leben mit den Pferden. Nun lebten wir auf einem großen Hof. Wir Pferde hatten viel Platz und auf Wunsch der beiden Menschen vermehrten wir uns jedes Jahr. Die Frau hatte viel Arbeit mit Reitunterricht, den Einstellern und dem Beritt der Jungpferde. Doch ab und zu gönnten wir uns eine Auszeit bei einem gemeinsamen Ausritt. Auf dem Hang unter der Reithalle blühten jedes Jahr die wild aufgegangenen Königskerzen.

Meine Herde vergrößerte sich und ich nahm meine Verantwortung ernst. Wenn ich das Zeichen zum Aufbruch gab, donnerte die ganze Herde von der Weide hinter mir her in den Stall. Die Frau schätzte mein Engagement, aber sie forderte auch meine Loyalität ihr gegenüber ein. Ich gönnte ihr die kleinen Siege. Eine wahre Prinzessin kann schließlich huldvoll darüber hinwegsehen.

Mit ihrem Mann hatte ich allerdings eine böse Auseinandersetzung. Wir waren zu viert auf einem Ausritt und ihr Mann durfte mich reiten. Das ging auch ganz passabel, bis wir auf dem Heimweg ein längeres Wegstück bergab zu bewältigen hatten. Bei meinem flotten Schritttempo fühlte er sich plötzlich unsicher und wollte mich bremsen. Dabei vergriff er sich jedoch mir gegenüber total im Ton. Das ärgerte mich und ich blieb nicht stehen, sondern ging weiter. Das machte ihn so wütend, dass er im Gehen von mir absprang, mich anbrüllte und mich am liebsten davongejagt hätte. Da hättet ihr die Frau erleben sollen. Wie eine Furie ging sie dazwischen und stellte klar, dass er mich nicht für seine Fehler büßen lassen konnte. Ihm war es allerdings keine Entschuldigung wert. Ich war dermaßen beleidigt, dass ich ihn das noch jahrelang spüren ließ. Ich drehte mich einfach um und verließ den Stall, wenn er bei der Tür hereinkam. Das traf ihn sehr.

Jeder von uns ist auf seine Weise bedürftig. Man braucht etwas oder jemanden, der oder das einem nährt und die eigenen Ressourcen stärkt. Prinsessa sorgte dafür, dass ich dieses Bedürfnis nach Loyalität nicht vergaß.

Eine langjährige Bekannte erkrankte an einem Gehirntumor und nun suchte sie eine Möglichkeit, ihre Pferdeherde zu verkleinern. Sie rief mich an und pries mir ein paar ihrer Jungstuten zur Zucht an. Ich kannte deren Abstammung und lehnte höflich, aber entschieden ab. Für meine Zuchtlinie waren sie einfach nicht geeignet. Aber dann fiel mir ein, dass sie diejenige war, die seinerzeit Sara, Prinsessa's Jugendfreundin, für ihren Mann gekauft hatte.

„Wenn Du Sara verkaufen würdest, die würde ich sofort nehmen", bot ich ihr an. Aber das lehnte sie ab. Einige Monate später war ihre Krankheit soweit fortgeschritten, dass sie bereit war, ihr Leben zu ordnen und sich von ihrem Besitz zu trennen.

Sie rief mich wieder an und bot mir diesmal Sara an. Ich sagte sofort zu und wir einigten uns auf einen fairen Preis. Sara war in ihrer Herde rangniedrig, daher ängstlich und mager, weil sie oft vom Futter weggebissen wurde.

Prinsessa: Die Jahre vergingen und die Frau und ich waren ein eingespieltes Team. Die Herde achtete mich und bis auf kleinere Auseinandersetzungen wurde mein Rang nicht bestritten. Ich erzog meine und auch die anderen Fohlen und erfüllte meine Bestimmung. Und doch fühlte ich eine unbestimmte Sehnsucht in meinem Herzen.

Wenn eine neue Stute in meine Herde kam, stellte ich von Anfang an klar, wer hier das Sagen hatte. Dazu legte ich die Ohren an, setzte mein Drohgesicht auf und sah zu, dass ich ihr Beine machte. Eines schönen Tages hatte ich es übersehen, dass die Frau mit dem Pferdehänger unterwegs war. Ich nahm die neue Stute erst wahr, als sie bereits in meinem Laufstall war. Ich war verärgert über meine eigene Unachtsamkeit und rannte mit den üblichen Drohgebärden auf die Neue zu. Auch sie war in allerhöchster Alarmbereitschaft und bereit zur Flucht. Doch plötzlich, nur zwei Meter voneinander entfernt, blieben wir beide wie angewurzelt stehen. Unsere Ohren klappten nach vorne und ein leises Wiehern entrang sich unseren Kehlen. In größter Freude steckten wir unsere Nüstern zusammen! Meine Freundin Sara und ich hatten uns wieder gefunden! Nun wusste ich, was mir all die Jahre gefehlt hatte. Eine loyale Freundin, Beraterin und Vermittlerin zwischen mir und der Herde! Im Gegenzug dazu beschützte ich sie, gab ihr in der Herde den Rang gleich unter mir und sorgte genauso für ihr Wohlergehen, wie sie für meines sorgte. Ihr Körper rundete sich und mit der Zeit wich ihre Ängstlichkeit einem stillen Selbstbewusstsein. Waltraud leistete ebenso ihren Beitrag dazu. Mit Geduld erweckte sie Sara's Vertrauen und gewann ein sensibles, hoch motiviertes Reitpferd.

Ich spürte, daß dieses Reich, dieser Hof nicht als Königreich für mich bestimmt war. Nach dem Tod meines Mannes stand plötzlich die Frage nach dem Sinn des Lebens im Raum. Die viele Arbeit war für mich alleine nicht zu bewältigen und das Leben sollte ja nicht nur aus Arbeit bestehen.

Viele Gedanken bewegten mich in dieser Zeit. Ein eigener kleiner Hof, auf dem ich mit meinem paar Pferden leben konnte, war schon so lange Zeit mein Traum. Mein Mann hatte diesen Traum aufgegriffen und ihm seine eigenen, viel größeren Vorstellungen übergestülpt. In der gelebten Wirklichkeit hatte er sich dann als zeitraubende, arbeitsintensive Beschäftigung erwiesen, in der vor allem die Reitgäste auf meinen Pferden saßen, nur ich hatte fast nie Zeit dazu. Es war frustrierend! Die Arbeit für und mit vierzig Pferden war für mich alleine einfach nicht zu schaffen. Die Zeit für eine umfassende Bilanz war gekommen. Langsam besann ich mich auf meinen eigenen, ursprünglichen Traum. Ich befreite ihn von all dem, was nicht dazu gehörte und begann mit dem Abschiednehmen. Viele Pferde mussten auf gute Plätze verkauft werden. Die Jungpferde brauchten erstmal Aufzuchtplätze, damit ich sie später einreiten und verkaufen konnte. Den Hof inserierte ich und suchte einen Käufer. Außerdem musste ich eine Entscheidung darüber treffen, welche Pferde mich weiter auf meinem Lebensweg begleiten sollten. Diese Entscheidung bescherte mir viele schlaflose Nächte. Ich glaubte an die Liebe und folgte ihrem Duft und dem versprochenen Königreich mit einer kleinen Herde und verließ den Hof.

Prinsessa: Nun waren wir zu fünft, sozusagen die Essenz der vorherigen großen Herde. Una, die erste, Alrun, ihre letzte Tochter, meine Freundin Sara, Gambri, unser männlicher Beschützer und ich. Gambri war für den Kontakt nach außen, zu den Kindern, zuständig. Er sorgte schließlich für unser aller Einkommen und lernte die nachgekommenen Jungpferde an. Er war die allseits beliebte Stütze des Reitunterrichts. Anfangs machte die Frau noch viel mit uns, doch die Arbeit fraß sie wiederum immer mehr auf, und ich fühlte mich vernachlässigt.

Ich hatte mich getäuscht, mein Königreich glich eher einem Asyl. Ich strampelte mich ab, um finanziell und privat Fuß zu fassen. Ich suchte vergeblich nach einem Ort, der mein

Königreich sein sollte. Es sollte ein Platz sein, an dem ich leben und auch arbeiten konnte, wo meine Herde vereint und bei mir wäre. Wie um mich zu verhöhnen begannen auch hier die Königskerzen üppig und in voller Pracht zu blühen, doch eines Tages erkannte ich ihre Botschaft.

Prinsessa: Ich beobachtete die innere Zerrissenheit der Frau. Ich verfolgte ihre Bemühungen, ihr Königreich im Außen zu finden und verspürte ihre immer größere Enttäuschung. Doch Ent-täuschung bedeutet in Wahrheit, dass man aufhört, sich selbst zu täuschen! Es dauerte lange, bis die Frau mir zuhörte.

„Dein Königreich ist in dir. Es reicht von dir bis in die Unendlichkeit. Es wartet bereits auf Dich! Sei in dir zuhause. Sei Dein ruhiges Auge im Lebenssturm! Habe Geduld, die Verwandlung von der Raupe in einen Schmetterling kommt, wenn die Zeit dafür reif ist. Die Pferdeahnen haben eine Botschaft für Dich. Du weißt nicht, wann der Regen kommt, aber er kommt.Dein Königreich wird fruchtbar sein und Dich, Deinen Stamm und Deine Pferde nähren!"

Meine Unruhe legte sich langsam. Es war nun nicht mehr so wichtig, mir ein nach außen sichtbares eigenes Königreich zu schaffen. Vielmehr begann ich, mir selbst den nötigen Respekt zu erweisen. Ich machte mein Lebensglück nicht mehr von äußeren Umständen abhängig, sondern veränderte meine inneren Einstellungen so, dass Glück und Erfolg möglich wurden.

Ich begann meine eigenen Grenzen zu achten, mich von dem zu trennen, was mich belastete. All das war Teil meiner Lebensaufgabe und ich folgte dem Ruf. Ich ordnete meine Lebensumstände neu und so, dass ich dieser Aufgabe auch dienen konnte. Mit dieser Klarheit konnte ich auch den auftretenden Widerständen entspannt begegnen. Als Folge meiner veränderten inneren Einstellung veränderten sich nun auch die äußeren Umstände. Nun war die Zeit wirklich reif für mein eigenes Königreich!

Prinsessa: Es ist vollbracht, ich habe meine Lebensaufgabe erfüllt. Wir beide, Waltraud und ich, sind einen langen Weg miteinander gegangen. In achtzehn gemeinsamen Jahren sind wir von der Prinzessin zur Königin gereift. Nun ist es Zeit für mich, zu gehen.

1.2.4 Die Bewusstmacherin: Alrún von Móna-Arnanesi

Alrún von Móna-Arnanesi war eine mittlerweile elfjährige Islandstute und das letzte Kind meiner ersten Stute Una. Ihr Name bedeutet ‚Königstochter'. Sie sorgte dafür, dass mein Schicksal, das mit ihrer Mutter begonnen hatte, lebendig blieb. Sie war diejenige, die den Finger, oder besser gesagt, den Huf in meine Wunden legte. Sie beschönigte nichts und drängte mich unnachgiebig zum Weiterlernen, zum bewusst werden.

Una hat mir sieben Fohlen geboren, aber erst die letzten beiden waren die von mir langersehnten Stutfohlen. Das ältere Stutfohlen war optisch ganz nach meinem Geschmack, ein Braunschecke. Mit ihr wollte ich später einmal weiterzüchten. Die Rappstute Alrún wurde von mir zum Verkauf bestimmt, aber es kam ganz anders. Ihre ältere Schwester entwickelte im Alter von fünf Jahren großen Futterneid und Bissigkeit gegenüber ihrer alt werdenden Mutter. Schließlich beschloss ich hoch verärgert, sie zu verkaufen und Alrún zu behalten.

Mein damaliger Mann litt schon einige Jahre an seiner Krebserkrankung. Zu der Zeit spitzte sich meine private Situation dramatisch zu. Alrún war mit der Herde der Jungstuten etwas abseits vom Hof auf Sommerweide. Am Hof wuchs mir die Arbeit über den Kopf. Die Sorge um meinen todkranken Mann quälte mich und ich fühlte mich wie in einem Käfig eingesperrt!

In diesen Tagen befreite sich Alrún aus der gut eingezäunten und mit reichlich Strom abgesicherten Weide und lief zurück zum Hof. Das brauchte ich nun gar nicht und ich brachte sie wieder zurück. Keine halbe Stunde später war sie wieder da! Ich war frustriert! Alles Suchen half nichts, ich fand kein Loch im Zaun. Als sie das dritte Mal im Hof stand, war mir bereits alles zuviel! Weinend beschimpfte ich sie, während sie mich ungerührt betrachtete. Langsam schlich sich eine Erkenntnis in meine Gedanken. Ich verglich den Weidezaun mit meinem gefühlten Käfig und sah, dass es anscheinend immer Möglichkeiten gibt, um Freiheit zu erlangen. Meine Tränen versiegten. Ich brachte Alrún zurück auf die Weide und von da an blieb sie auch dort.

Jahre später begann ich mit ihrer Ausbildung. Ich wollte, dass sie sich nun auch in die Reihe meiner Schulpferde einfügt, um sich ihr Futter selbst zu verdienen. Wieder einmal hatte ich die Rechnung ohne sie gemacht. Sie zeigte keinen guten Willen zur Mitarbeit und versuchte ständig mich herumzuschubsen. Sie zeigte sich an Natural Horsemanship und den Gymnastizierungsübungen völlig uninteressiert. Kurz gesagt: sie hatte sich ein respektloses Verhalten zugelegt, dass mich ständig zur Weißglut trieb! Gut, ich hatte wenig Zeit und fühlte wirtschaftlich einen gewissen Erfolgsdruck, aber ...

Ich hielt inne und dachte nach. Mir war etwas Entscheidendes abhanden gekommen. Ich hatte keine Freude mehr an der Arbeit, die ich machte. Reitunterricht nach dem Motto ‚höher, schneller, weiter' stieß mir schon längst sauer auf und ich war frustriert, weil ich keinen Ausweg aus dem Dilemma sah. Nachdenklich betrachtete ich mein aufsässiges Pferd und kam zu dem Schluss, dass sie recht hatte.

„Ohne Freude wird das nix mit uns zwei!"

Ich begann, meinen Unterricht umzukrempeln und mich nach anderen Ausbildungskonzepten umzusehen. Danach zeigte sie mir, dass alles, was ich mühsam versucht hatte, ihr beizubringen und von dem ich dachte, dass nichts davon hängengeblieben war, jederzeit abrufbar war. Einige Zeit lief es nun ganz gut mit uns beiden. Sie fügte sich in den Schulbetrieb ein. Sie machte gerne bei Reiterspielen mit den Kindern mit und das Ausreiten mit ihr machte Spaß. Aber Alrún war noch lange nicht fertig mit mir. Beide kämpften wir nun mit ihrem massiv auftretenden Sommerekzem. Es juckte sie am ganzen Körper und an ein Arbeiten in den Sommermonaten war nicht mehr zu denken. Gleichzeitig nahm meine eigene Heustauballergie in einem Maße zu, dass ich in meiner Arbeitsfähigkeit deutlich eingeschränkt war. Eine Ekzemerdecke verschaffte Alrún Erleichterung. Und mir? Es dauerte wiederum ein paar Monate, bis ich auch hier den Zusammenhang erkannte. Haut und Lunge gehören energetisch zusammen, die Haut ist das größte Atmungsorgan des Körpers.

Ich hatte mir und auch ihr wieder einmal zuviel zugemutet. Beide hatten wir uns ein Ventil gesucht, um den Druck zu vermindern. Ich suchte mir eine gute Homöopathin, um meiner Lunge und damit auch mir etwas Gutes zu tun. Ein langer Weg in Richtung Genesung begann. Ich hatte begriffen, dass mein Körper mir meinen Husten als Alarmsignal gesandt hatte. Alrún hatte dieses Signal noch verstärkt. Die folgenden Sommer waren trotz Sommerekzem für Alrún nicht mehr schlimm. Ich konnte wieder mit ihr arbeiten, hielt sie aber aus dem Schulbetrieb raus. Immer öfter erlebten wir miteinander harmonische Momente.

Eines Tages im Herbst war es wieder soweit. Alrún hatte eine neue Lektion für mich vorbereitet. Plötzlich fand sie im Viereck die Gangarten Trab, Tölt und Galopp nicht mehr. Selbst das Anreiten im Schritt gestaltete sich schwierig. Sie setzte den Bewegungsimpuls in alle möglichen Richtungen um, tanzte hierhin und dorthin, nur nicht vorwärts. Wenn doch, dann äußerst widerwillig. Der Frust hatte mich wieder. Obwohl ich ohne Leistungsdruck zu reiten versuchte und der Freude in meinem Leben mehr Raum gab, machte ich offensichtlich Rück- statt Fortschritte. Ich wusste, meine Tage auf dem gepachteten Hof neigten sich dem Ende zu. Es regnete beim Stalldach rein, ohne dass mein Verpächter sich darum kümmern wollte. Ihn zu den notwendigen Reparaturarbeiten zu motivieren, kostete mich sehr viel Kraft und Energie, die mir anderweitig wieder abging. Ich war ständig auf der Suche nach einer neuen Bleibe. Im Grunde hoffte ich jedoch, dass sich das Problem von alleine lösen möge. Ich hatte kein Ziel, ich trat auf der Stelle.

In dieser Zeit besuchten mich drei Freundinnen. Silke, Andrea und Anette sammelten für das Buchprojekt von Anette Anschauungsmaterial. Ich war gespannt, ob Alrún mit Anette kooperieren würde. Anette schwang sich ohne Sattel auf ihren Rücken und steckte uns alle mit ihrer Begeisterung an. Alrún machte nach anfänglicher Skepsis gerne mit. Voller Staunen sah ich, dass alle vier Gangarten noch vorhanden waren! Selbst ‚der erste Schritt' beim Anreiten war kein Problem. Danach saßen wir zusammen und ließen das Erlebte Revue passieren. Wir diskutierten gerade Anette's Methoden als sich plötzlich Andrea mir zuwandte und sagte:

„Auch für dich ist es schwer, den ersten Schritt zu machen!"

Andrea hatte mitten ins Schwarze getroffen und mir schossen die Tränen in die Augen. Ich erkannte, dass Alrún mir wieder einmal den Spiegel vorgehalten hatte. Ich begann, bewusst ‚erste Schritte' in unangenehmen, veränderungswürdigen Situationen zu machen. Ich merkte, dass auch Alrún diese Veränderung mittragen konnte. Sie wurde liebenswürdiger und es gelang uns wieder öfter harmonisches Miteinander.

Dass Alrún gerade ein schwarzes Pferd ist, hat mich nach der Lektüre von Linda Kohanov's Buch „Der bewusste Weg mit Pferden" nicht mehr gewundert. Sie schreibt:

„Das schwarze Pferd fordert uns heraus, uns unseren Schatten zu stellen. Wenn wir uns dieser Reise zu unserem unbekannten Potential verweigern, kann sich das Zusammensein mit unserem schwarzen Pferd zu unserem größten Alptraum entwickeln. Es beharrt darauf, dass wir unsere weibliche Weisheit, Intuition und Gefühle wahrnehmen und weiterentwickeln." Folgende Erkenntnis verschaffte sich nun bei mir Raum. Alrún musste kein pflegeleichtes Reitpferd sein, ihr Handeln als Bewusstmacherin war viel wertvoller für mich!

Ein Jahr später begann unser letzter gemeinsamer Sommer. Mein Wallach Dagfari hatte sich das Griffelbein gebrochen. Zur Rekonvaleszenz stellte ich ihm Una und Alrún zur Seite. Die drei verstanden sich gut. Ich hatte zwar endlich das Stallproblem gelöst und mich unter unsäglichen Bandscheiben-Schmerzen für eine Kündigung entschieden. Aber ich wusste noch nicht, wo ich in ein paar Monaten meine Pferde unterbringen sollte. Eine vielversprechende Alternative hatte sich auch gerade zerschlagen und ich hatte echt keine Ahnung, wie meine Zukunft aussehen würde. Alrún schon. Sie machte Platz für (m)einen Neubeginn. Durch eine Verkettung unglücklicher Umstände erlitt sie eine Ruptur des Magens und musste eingeschläfert werden.

Alrún war elf Jahre lang meine ‚Bewusstmacherin'. Als klar war, dass ich ihre Lebensbotschaft verstanden hatte und dabei war, mein Leben neu auszurichten, da verließ sie mich und diese Welt.

Meine Freundin Alex hat sie einmal als ‚Schlachtross' bezeichnet, und das war sie auch. Sie war immer streitbar für das, was ich im Leben lernen sollte. Gnadenlos direkt erkannte sie meine wunden Punkte. Mit Ausdauer verhinderte sie deren Verdrängung und ließ erst dann von mir ab und war zufrieden, wenn ich den Sieg über mich selbst errungen hatte. Sie ist keinem notwendigen Kampf ausgewichen, im Leben und auch im Sterben nicht. In meinem Kalender fand ich an ihrem Todestag folgenden tröstlichen Text von Paulo Cuelho:

„Das Ende einer Etappe ist nur der Anfang einer anderen."

Eine Woche später begegnete sie mir auf einer schamanischen Reise, sie begleitete mein Wächtertier. Ich fühlte mich wunderbar getröstet, wir waren wieder gemeinsam auf dem Weg!

1.2.5 Der verletzte Heiler: Falki von Kronleiten

Über Falki habe ich bereits ausführlich berichtet, nachzulesen im Buch „Kraftbilder der Seele" (Herausgeber Bettina Löber). Sein Ruf ereilte mich, als mir meine Tierärztin von ihm erzählte. Seine Besitzerin kam reiterlich gar nicht mit ihm zurecht, weil er unberechenbar losrannte und kaum zu bremsen war. Auch der professionelle Beritt in einem Turnierstall hatte das Problem nicht gelöst. Ich besuchte die beiden. Die Besitzerin erzählte mir, dass Falki beim Vorreiten durch den Vorbesitzer gleich nach dem Aufsteigen einfach die Weide hin und zurück preschte. Sie hatte es diesem gleich getan und sich nichts dabei gedacht. Im offenen Gelände erwies sich diese Taktik allerdings als fatal. Es gab nichts, das Falki bremste.

Als ich ihn ausprobierte, blieb ich nach dem Aufsteigen einfach vornüber gebeugt halb auf seinem Hals liegen und wartete. Er auch. In dieser Position forderte ich ihn zum Schritt auf. Das konnte er. Er war wachsam, aber mit jeder Runde durfte ich mich ein bischen mehr aufrichten. Schließlich saß ich normal im Sattel und er ging noch immer im Schritt. Da wusste ich, dass dieses Pferd zur Mitarbeit fähig und auch bereit war und unsere gemeinsame Zeit begann.

Falki war keinesfalls für den Reitschul-Betrieb geeignet. Aber eine meiner Reitschülerinnen, ein Mädchen mit einer angeborenen Muskelschwäche, wünschte ihn sich als Reitbeteiligung. In den gemeinsamen Jahren waren sie sich gegenseitig Heilung. Das Mädchen lernte, ihre körperlichen Mängel durch andere Fähigkeiten wie Achtsamkeit und Einfühlungsvermögen auszugleichen. Sie erkannte, dass es außer Leistungsfähigkeit auch noch andere erstrebenswerte Dinge gibt.

Falki fühlte sich mit all seinen seelischen Verletzungen angenommen. Er musste nichts ‚leisten', um geliebt zu werden. Falki lernte, dass Vertrauen seelische Wunden heilt. Und dass Vertrauen einem befähigt, über seinen Schatten zu springen.

Als das Mädchen nach einem Jahr intensiver vertrauensbildender Bodenarbeit und Spaziergängen das erste

Mal auf seinen Rücken kletterte, stand der Wallach wie angewurzelt. Sein Kopf war dem Mädchen zugewandt und die Ohren in höchster Aufmerksamkeit auf sie gerichtet. Erst nach der leise an ihn gerichteten Bitte, sich vorwärts zu bewegen, setzte er langsam und vorsichtig einen Fuß vor den anderen. Er bewegte sich wie auf rohen Eiern. Falki war sichtlich bemüht, das in ihn gesetzte Vertrauen nicht zu erschüttern. Dem Mädchen ging es genau so. Beide waren bereit, sich ihren Ängsten zu stellen und daraus entstand Heilung für beide.

Heute ist mir Falki eine große Stütze bei den Seminaren. Er braucht keine Reiter mehr zu tragen. Er stellt sich gerne für Bewusstseins-Erfahrungen der Teilnehmer zur Verfügung und verblüfft immer wieder mit seinen weisen ‚Antworten'.

1.2.6 Zuversicht: Dagfari von St. Oswald

Jeder von uns kennt das, wenn einem Ereignisse aus der Bahn werfen und direkt in die Nacht der Seele katapultieren. Wie schwer ist es, nicht die Zuversicht zu verlieren, das Dunkel auszuhalten und auf einen neuen Morgen zu hoffen. Und im Licht des Tages seine Reise weiter fortzusetzen. Dagfari von St. Oswald verkörpert diese Zuversicht für mich.

Mein Reitschulbetrieb lief ganz gut und ich hatte etliche meiner Jungpferde auf gute Plätze weiterverkauft. Doch die meiste Last in den Reitstunden für Anfänger trug Gambri. Er war zwar geduldig und allseits beliebt, aber er war auch nicht mehr der Jüngste. Ich richtete einen Wunsch ans Universum und erbat mir ein Pferd, das im wesentlichen für Gambri eine Entlastung sein könnte.

Nicht lange danach rief mich meine Freundin Kerstin an. Sie erzählte mir, dass sie und unsere gemeinsame Freundin Susanne von einer Bekannten ein Pferd angeboten bekommen hätten. Diese Frau war im Besitz mehrerer Islandpferde, die bei ihr mehr oder weniger das Gnadenbrot genossen. Den siebzehnjährigen Dagfari befand sie dafür eigentlich noch zu jung. Sie selbst hatte bereits zwei künstliche Hüftgelenke und fürchtete nach einigen unfreiwilligen Abstiegen von Dagfari um ihre Gesundheit. Kerstin wiederum wollte ihre eigene Herde nicht weiter vergrößern und Susanne war mit ihrem Pferd auch zufrieden. Aus diesem Grund reichten sie die Information an mich weiter. Ich befragte sie, ob sie dieses Pferd denn genauer beschreiben könnten. Das taten sie sehr gründlich, denn sie kannten Dagfari schon jahrelang persönlich.

„Unsere Bekannte kann sich nicht mehr so gut ausbalancieren", sagte Kerstin, „sie sitzt einfach schief am Pferd. Vielleicht tut dem Kerl einfach der Rücken weh und er buckelt deshalb." Susanne ergänzte:

„Das ist trotzdem ein Pferd, das du unbesehen kaufen kannst!" Ich kannte die beiden gut genug und vertraute ihrer Einschätzung. Ich kaufte dieses Pferd unbesehen und ich habe es noch keinen Tag bereut!

Tatsächlich war Dagfari am Rücken einseitig bemuskelt. Mit dem richtigen Training an der Longe bzw. der passenden Bodenarbeit legte sich das jedoch bald. Seit er bei mir ist, hat er nie mehr gebuckelt und ist die erhoffte Unterstützung im Reitunterricht.

In seinem neunzehnten Lebensjahr überwältigte ihn die Liebe. Ich hatte zwei neue Stuten in die Herde integriert und eine davon machte großen Eindruck auf ihn. Er wich ihr nicht mehr von der Seite! Sie roch so gut! Die Stute war sofort rossig geworden. Dagfari wollte sie ganz für sich alleine. Leider war ihm bei diesem Vorhaben Gambri im Weg, der ebenfalls hochinteressiert war. So kam eins zum anderen und ich konnte den Kampf der beiden nicht verhindern. Dagfari humpelte mir auf dem Weg zur Koppel auf drei Beinen entgegen. Er vermied es, auf dem rechten Vorderfuß aufzutreten. Das Röntgenbild zeigte, dass das Griffelbein knapp unter dem Karpal-Gelenk gleich mehrfach gebrochen war. Ich war ebenfalls geknickt. Nun war guter Rat teuer. Stefanie, die Tierärztin, erläuterte mir die zwei Behandlungsmöglichkeiten:

„Die erste Möglichkeit wäre, das Pferd sofort in die Klinik zu fahren und zu operieren. Das Griffelbein wird dabei an das Röhrbein geschraubt. Durch die Kallusbildung um die Schraube während des Heilungsprozesses könnten danach jedoch Reibungsprobleme am Fesselträger, einer wichtigen Sehne, entstehen. Der Vorteil wäre eine relativ kurze Boxenruhe. Der Nachteil: so eine Operation kostet viel Geld. Die zweite Möglichkeit wäre, das verletzte Bein ruhig zu stellen. Es also von oberhalb des Karpal-Gelenkes bis zum Huf für mindestens drei Wochen einzugipsen. Danach müsste Dagfari noch einige Wochen Boxenruhe einhalten. Als Vorteil sehe ich die geringen Kosten, als Nachteil jedoch die wochenlange Boxenruhe und ebenfalls das Problem mit der Kallusbildung."

Bei der zweiten Möglichkeit beschäftigte uns vor allem aber die Frage: wie wird das Pferd mit dem Gipsfuß umgehen? Wir überlegten gemeinsam:

„Weißt', wenn das ein schweres Warmblut wäre, würde ich das nicht machen. Aber das ist ein leichter Isländer, der kommt sicher mit dem Gipsbein zurecht. Außerdem kommt er mir vernünftig genug vor, dass er auf das steife Bein nicht panisch reagiert", überlegte Stefanie. Ich dachte ebenfalls nach. Wenn Dagfari panisch würde, dann nur deshalb, weil er von seiner Herde getrennt und alleine sein würde. Und das wäre er auf der Fahrt zur und in der Klinik auf jeden Fall. Mit dem Gipsbein wäre er zwar wochenlang in der Box, jedoch nie von seinen Kumpels getrennt. Das erschien mir fast wichtiger für einen positiven Heilungsverlauf.

Gesagt, getan. Dagfari's Bein wurde gut abgepolstert, um Druckstellen zu vermeiden und anschließend eingegipst. Er konnte sein rechtes Bein nun nur mehr aus der Schulter heraus bewegen. Doch nach ein paar Schritten hatte er den Schwung heraus. Die Boxenruhe nahm er erstaunlich gelassen hin. Wenn die Herde auf die Weide durfte, stellte ich ihm seinen Freund Falki in die Box dazu. So musste er nicht alleine bleiben. Ich mähte ihm Gras. Jeden Abend durfte er für eine Stunde auf einen winzigen Graspaddock, zum Fressen und zum Sonne tanken.

Er machte es mir wirklich leicht, zuversichtlich zu sein und war nie ungeduldig. Vielmehr genoss er es, im Mittelpunkt der Aufmerksamkeit zu stehen. Er wurde von den Reitkindern gebürstet und konnte mit Falki ungestört Fellpflege betreiben. Vor allem aber belastete er das Bein, ohne dabei zu lahmen und das war ein gutes Zeichen. Nach drei Wochen nahm Stefanie ihm den Gips ab. Er bekam vom Hufschmied einen Spezialbeschlag, um den Fesselträger zu entlasten. Allerdings wurde er noch zu vier weiteren Wochen Boxenruhe verpflichtet, wobei der einstündige tägliche Aufenthalt auf dem Graspaddock weiterhin erlaubt blieb. Endlich konnte er sich wieder wälzen und tat das jeden Tag ausgiebig und genussvoll. Das Kontrollröntgen zeigte einen vorbildlichen Heilungsverlauf.

Der Name Dagfari bedeutet ‚der am Tage reist' und genau dafür hatte sich mein Pferd entschieden. Die Nacht der Seele mit ihren dunklen, depressiven Phasen lag ihm fern. Jeden Tag war er freundlich und genoss die angebotenen Annehmlichkeiten. Selbst an Regentagen, an denen er mit dem Gips nicht hinaus durfte, verlor er nicht sein zuversichtliches, geduldiges Wesen. Seine Botschaft an mich war:

„Alles wird gut!"

1.2.7 Freiheit: Messa van de Veluwezoom

Messa stammt aus einer Islandpferdezucht, die im Nationalpark Veluwezoom in den Niederlanden beheimatet ist. Der Nationalpark ist eine 48 Quadratkilometer große reine Naturidylle mit endlosen Waldstücken und Heidefeldern. Hier leben Wildschweine und Rotwild ebenso frei wie imposante schottische Hochlandrinder und die genügsamem Islandpferde.

Messa stand am Zaun und ihr Blick schweifte in die Ferne. Ihre Ohren spielten, suchten wie ein Radar nach vertrauten Lauten, herbeigeweht aus weiter Ferne. Ab und zu testete sie mit ihren empfindlichen Barthaaren den Elektrozaun auf seine Funktionstüchtigkeit. Aber immer war da das Ticken der elektrischen Impulse. Verärgert verschaffte sie sich mehr Raum, indem sie die anderen Herdenmitglieder verscheuchte. Ihre Gedanken schweiften in ihre früheste Jugend ab.

Es war Spätsommer, der Übergang zum Herbst stand bevor und die Heide stand in voller Blüte. Der Wind rauschte in den Birkenwäldern und brachte den salzigen Geruch des Meeres mit. Auf seinem Rücken segelten die Möwen und am Boden lief ein weißes Fohlen mit ihnen und dem Wind um die Wette. Die Nase hielt es hoch und mit einer eleganten Leichtigkeit fegte es über die sandigen Wege, lebte und liebte die Freiheit und das Leben.

Es war eine Stute. Nach dem ersten Fellwechsel hatte sie sich isabellfarben mit einer kleinen Keilblesse gezeigt, nun schob bereits das Winterfell nach und sie erschien fast weiß. Sie fand Geborgenheit an den Flanken der Mutter und im Schutz der Herde. Aber allen gemeinsam war das Leben in Freiheit in einem riesigen Nationalpark. Nur aus der Ferne nahmen sie die Menschen wahr, wandernd oder auf Fahrrädern. Die Pferde jedoch arrangierten sich mit den anderen freilebenden Tieren, den Hochlandrindern, den Hirschen und anderen Wildtieren.

Sie erinnerte sich auch an ihre schon Jahre zurückliegende Reitausbildung. Damals wurde sie freundlich behandelt und war selbst freundlich zu den Menschen. Sie dachte, dass sie danach wieder in den Genuss der Freiheit kommen würde. Sie stellte sich vor, ab und zu für einen netten Menschen zu arbeiten. Trotzdem wollte sie auch weiterhin mit dem Wind um die Wette laufen. Ihre Seele hatte sich jedoch etwas anderes für ihr Leben vorgenommen. Sie wurde verkauft, in ein Land ohne einen einzigen Meeresstrand, ohne den Geruch von Salz in der Luft, ohne Dünen und Heide. Nur in den Wäldern fand sie vereinzelt Birken und Kiefern, die ihr aus der Heimat bekannt waren. Der Abschied schmerzte sie, war fast nicht auszuhalten. Sie verbarg ihre Trauer unter dem Schutzmantel der Unnahbarkeit.

Sie gehörte nun einem Jungen und war das dritte Pferd in dessen Familie. Auch seine Mutter und seine Schwester hatten je ein Pferd. Sie erinnerte sich an ihn als einen unhöflichen Menschen, einzig an Turniererfolgen interessiert. Sie trainierten hart. Ihre Schnelligkeit und die Qualität ihrer Gänge waren die Eintrittskarte in diese erfolgsorientierte Welt. Sie lernte, dem Druck, den er ihr machte, mit Schnelligkeit auszuweichen. Alles wurde ihr unangenehm. Der mit harter Hand geführte Zügel, die fordernden Schenkel, der angespannte Sitz des Reiters. Mit der Nase im Wind flog sie auf der Rennbahn dahin, doch ihre Freiheit fand sie dort nicht. Ab und zu ritt seine Schwester mit ihr, da konnte sie sich ein wenig entspannen und einen Ausritt genießen. Sie spürte eine freundliche Verbindung zu ihr. Jedoch viel zu selten waren solche Momente in all den Jahren.

Der Junge wurde erwachsen und interessierte sich nicht mehr für sie. Sie wurde unruhig. Immer öfter kamen fremde Menschen, die sich auf sie setzten und sie mit der gleichen Unhöflichkeit behandelten. Sie wusste, was sie zu tun hatte und rannte, um diesem Druck zu entkommen. Mehrere Wochen musste sie auch auf einem fremden Hof verbringen, schließlich wurde sie als „unverkäuflich" wieder zurückgeschickt. Die Mutter des Jungen war ratlos.

Messa erwachte aus ihrem Tagtraum, hob den Kopf und streckte wieder die Nase in den Wind, auf der Suche nach dem unverwechselbaren Geruch der Freiheit. Aber da war nichts. Vielmehr musste sie sich mit Menschen und ihren Wünschen arrangieren. Seit einenhalb Jahren lebte sie nun hier auf diesem Hof, war Teil einer zehnköpfigen Islandpferdeherde und seitdem hatte sich vieles in ihrem Leben verändert.

Messa van de Veluwezoom trat völlig überraschend in mein Leben. Ich wollte mir auf gar keinen Fall noch ein Pferd kaufen! Eines schönen Tages läutete mein Telefon und eine gute Bekannte schilderte mir ihr ‚Unglück'. Ihr Sohn sei im Besitz eines Turnierpferdes, er habe aber seit dem Abitur andere Interessen. Seit einem Jahr versuche sie nun, bis jetzt erfolglos, dieses Pferd zu verkaufen. Ihre Tochter und sie selbst hätten jede noch ein gut zu ihnen passendes Pferd und Messa wäre sozusagen das fünfte Rad am Wagen. Auch von einem renommierten Ausbildungs- und Verkaufsstall wurde sie nach ein paar Wochen als ‚unreitbar' wieder zurück geschickt. Am jetzigen Einstellplatz sei der Verkauf aus verschiedensten Gründen nur schwer möglich. Sie fragte mich nun, ob ich dieses Pferd bei mir einstellen könne, damit Kaufinteressenten sie in aller Ruhe probieren könnten. Ich stimmte zu und ein paar Tage später rollte der Hänger auf den Hof. Messa stieg aus und mit Entschiedenheit verschaffte sie sich Raum in der Herde, nur Falki erkannte sie als ebenbürtig an.

Messa war zu dem Zeitpunkt dreizehn Jahre alt und gebürtige Holländerin. Die Recherche zur Bedeutung ihres Namens gestaltete sich schwierig. Im lateinischen bedeutet es „Messe", nun ja, wer nennt sein Pferd so? Dank Wikipedia stieß ich auf eine Musikanweisung, die mit ‚an- und abschwellend' übersetzt wurde. Ich fand, das passte zu ihr. In den Gangarten kann sie das Tempo schnell variieren. Auch ihr Ausdruck ändert sich blitzschnell von entspannt zu wachsam und auch wieder zurück. Monate später gelangte ich jedoch zu einer weiteren Erkenntnis, doch davon später.

Ich beobachtete Messa, wenn die Tochter meiner Bekannten sie ritt. Der Übergang zum ‚normalen' Reitpferd fiel ihr nach fünf Jahren ehrgeizigen Turnier-Trainings sehr schwer. Sobald sie zuviel körperlichen oder mentalen Druck verspürte, reagierte sie in bewährter Weise. Sie rannte und war kaum zu bremsen. Ich war neugierig und bot ihr Bodenarbeit an. Messa war und ist ein ausgesprochen höfliches Pferd und verlangt auch nach einem höflichen Umgang mit ihr. Ich erkannte, dass sie durchaus bereit war, über ihren Schatten zu springen, wenn sie dem begleitenden Menschen vertraute. Sie ist ranghoch und zeigt es auch deutlich, wenn ihr das menschliche Benehmen unerträglich ist. Auf meine Stimme und meine Handzeichen vom Boden aus reagierte sie jedoch prompt und sehr fein. Viele Kaufinteressenten waren von ihrer Schönheit und Ausstrahlung berührt. Sie bewunderten ihre tollen Gänge, beim Reiten jedoch ließen sie es stets an der nötigen Achtsamkeit fehlen. Ich begleitete deren Reitversuche und beobachtete, dass Messa jedem die Chance gab, sich mit ihr in Verbindung zu setzen. Sie bot ihre Mitarbeit an, wenn jedoch ihre Wünsche nach Achtsamkeit und druckfreiem Reiten ignoriert wurden, verfiel sie ihn ihr altes Muster und war kaum zu bremsen.

„Das ist ein lebensgefährliches Pferd!", lautete einer der Kommentare und ihr Schicksal schien besiegelt.

Inzwischen hatte ich Messa auch reiterlich ausprobiert und mit ihr eine Vereinbarung getroffen.

„Ich mache keinen Druck und du arbeitest mit."

Sie war glücklich mit dem Knotenhalfter. Sie lernte, mir bei der Bodenarbeit zu vertrauen. Sie entspannte sich langsam aber sicher unter dem Reiter. Sie empfand den Zügel nicht mehr als ihren persönlichen Feind. Nun konnte sie auch die Berührung des Reiterschenkels an ihrem Körper akzeptieren. Sie wurde toleranter im Umgang mit den Menschen und den anderen Pferden. Ihr Körper und ihr Geist wurden weicher. Messa forderte mich auf meinem Weg zur ganzheitlichen Reitweise heraus, doch sie inspirierte und belohnte mich auch. Sie ist unerbittlich, wenn ihre Grenzen überschritten werden. Wenn sie die Achtung und den Respekt des Menschen wahrnimmt, wird sie jedoch sofort sanft und bietet tolle Mitarbeit an.

Ich ahnte, dass dieses Pferd aus einem, mir zwar noch nicht bekannten, jedoch bestimmten Grund bei mir gelandet war. Aber ich wollte mir ein weiteres Pferd, das nichts zu seinem Unterhalt im Schulbetrieb beitragen konnte (siehe Falki), nicht leisten. Ich war wieder einmal in der Zwickmühle. Schließlich wollte ich

Messa keine weiteren erfolglosen Reitversuche potentieller Käufer mehr zumuten. Ich einigte mich mit der Besitzerin. Messa fand zur Zufriedenheit aller an diesem Handel Beteiligten eine neue Heimat bei mir.

Irgendwann bemerkte sie die Veränderung. Es kamen keine fremden Reiter mehr. Sie hatte nur noch mit einem Menschen zu tun. Langsam begann ihr die Arbeit wieder Spaß zu machen und sie konnte sich sogar auf völlig neue Übungen einlassen. Gelbe und blaue Stangen verloren ihren Schrecken. Sie achtete sehr fein auf die Fingerzeige der Frau und langsam entstand Vertrauen zwischen ihnen. Nach wie vor gab es angstvolle Momente. Sie ertrug es einfach nicht, wenn zappelnde Kinder auf ihr saßen, die nicht wussten, wie sie ihre Beine im Zaum halten sollten. Selbst wenn sie dabei von der Frau geführt wurde, erschrak sie bei jeder Berührung. Eines Tages schnallte ihr die Frau den Voltigiergurt um und stellte ihr ihre Nichte vor. Messa war auf der Hut, immerhin wollte dieses Mädchen auf ihrem bloßen Rücken sitzen.

Meine Nichte Eli hat jahrelang voltigiert und ich setzte sie als ‚großes Kind' mit dem Voltigiergurt auf Messa. Eli pflegt einen sehr sanften, aber bestimmten Umgang mit Pferden. Sie gibt nicht gleich bei der ersten Schwierigkeit auf. Langsam gewöhnten wir Messa an ungewohnte, ungewöhnliche Berührungen und Körperhaltungen des Reiters und auch hier gewann sie Vertrauen. Nach ein paar Monaten intensiven Trainings bot ich sie meiner Freundin als Reitbeteiligung an. Lisa ist eine höfliche, zuvorkommende Frau, die generell einen liebevollen Umgang mit Pferden pflegt und sie war bereit, ihrem Traum vom ‚eigenen Pferd' Leben einzuhauchen.

Messa war fasziniert von Lisa. Ein Mensch, der sich ihr liebevoll auf Augenhöhe näherte und den gleichen höflichen Umgang pflegte wie sie selbst. Sie bemerkte zwar deren Selbstzweifel, nicht gut genug für sie zu sein, aber darüber konnte sie hinwegsehen. Viel mehr Schwierigkeiten bereitete es ihr jedoch, den von Lisa oft angehaltenen Atem zu ignorieren. Dann spannte sie sich an und rannte mit erhobenem Kopf um ihr

Leben. Doch ebenso schnell ließ sie sich fallen und reduzierte ihr Tempo, wenn Lisa ihre Knie sinken ließ und ausatmete.

Es war ein gegenseitiges Lernen, das nun anhob. Messa bestand auf einer weichen Zügelführung und einem ruhigen, entspannten Atem. Dann bot sie ihren Rücken an und ließ Lisa im ruhigen Tempo ganz weich sitzen. Das war allerdings eine der größten Herausforderungen für Lisa. Sie kämpfte ständig mit ihren inneren und äußeren Verspannungen, hervorgerufen auch durch ein Gefühl von Beengtheit. Mit Messa's Hilfe gelangte Lisa zu einer bewussten Körperwahrnehmung und sie machten sich vom Viereck auf ins Gelände. Viele entspannte Spaziergänge später hatte Messa Lisa davon überzeugt, dass Ausreiten auch eine Möglichkeit ist, entspannt miteinander Zeit zu verbringen. Sie begannen, ihre Freiheit zu genießen.

Im darauffolgenden Sommer waren beide soweit miteinander vertraut, dass Lisa ihren siebenjährigen Sohn mit dem Voltigiergut auf Messa setzen und mit beiden entspannt einen Spaziergang machen konnte. Ich staunte, wie viel Potential dieses Pferd schon ausgelotet hatte. Bei einem meiner ersten Kurse ‚Bewusst Reiten mit der Kraft der fünf Elemente' wählte ich Messa für eine für sie schwierige Aufgabe aus. Das Thema war ‚Zeit geben – Zeit nehmen'. Eine Kurs-Teilnehmerin musste sie über eine Plane führen. Die Plane war zuerst auf ein kleines Viereck gefaltet, wurde danach auf einen schmalen Streifen erweitert und schließlich zu ihrer vollen Größe entfaltet. Zeit, Achtsamkeit und Respekt bewirkten soviel Vertrauen bei dem Pferd, dass sie schließlich nicht nur gelassen darüber ging, sondern auch darauf stehen blieb. Zwei Teilnehmerinnen hatten sich, einander zugewandt, auf die flatternden Enden der Plane gestellt. Messa stellte sich genau dazwischen und ‚badete' in der authentischen Energie dieser zwei Menschen. Es war ein magischer Moment von mehreren Minuten!

In diesem Sommer mussten meine Pferde und ich mehrere Verluste bewältigen. Ein Herdenmitglied verstarb auf tragische Weise. Nicht lange darauf verkaufte ich ein Jungpferd und ein Einsteller wechselte den Stall. Lisa bemerkte zwar, dass Messa viel schwitzte, doch es war Sommer und wir dachten uns nichts dabei.

Die Trauer überwältigte sie beinahe. Drei Pferde waren ohne Abschied einfach aus ihrer Herde verschwunden. Sie war doch neben Falki die Herdenchefin, wieso hatte sie es nicht bemerkt? Sie kannte dieses Gefühl, aber es erklärte sich ihr nicht. Wieder und wieder stand sie am Zaun und hielt Ausschau. Sie horchte und suchte nach einem Hinweis. Dann wieder ließ sie frustriert den Kopf sinken, sie kam hier nicht weg, war eingesperrt, alle Bemühungen waren vergebens. Trauer und Enge schlichen sich langsam in ihren Körper, umklammerten ihren Brustkorb, nahmen ihr schließlich den Atem.

Im Spätherbst begann Messa zu husten und entwickelte eine Heustauballergie. Sie bekam schwer Luft und pumpte den Atem regelrecht in ihre Lungen. Auch Lisa war ständig anfällig für Nebenhöhlenentzündungen. Mir machte der Husten meines Pferdes soviel Stress, dass mein allergisches Asthma auch aufblühte. Es brauchte länger, bis meine Homöopathin ein passendes Mittel für mich und für Messa fand - aber das alleine reichte nicht. Vorsorglich bekam Messa gewaschenes Heu und ihr Husten wurde etwas leichter. Leider bedeutete es, dass ich ihre Bewegungsfreiheit einschränken musste. Über Nacht kam sie in eine Box und nur tagsüber lief sie mit der Herde im Offenstall mit. Für mich fühlte es sich an, als käme sie vom Regen in die Traufe.

Lisa und ich machten uns große Sorgen. Wenn ich Messa betrachtete, verspürte ich ihre große Traurigkeit. Ich bat sie um eine Information für mich, wie ich sie denn noch unterstützen könnte. Da ‚sah' ich ein Bild von ihr mit einem Fohlen. Ich wusste von der Vorbesitzerin, dass Messa einmal trächtig war, dieses Fohlen aber verloren hatte. Ich fragte Messa also, ob sie sich wieder ein Fohlen wünscht, da verschwand das Bild. Also nein. Ich dachte an all die Abschiede, die sie in diesem Jahr zu bewältigen hatte, wusste aber nicht so recht weiter. Das Bild des Fohlens stand für mich energetisch auch für einen Neubeginn, aber irgendwie brachte ich das alles nicht unter einen Hut.

Ich erbat mir Hilfe von meiner Freundin Birgit, sie ist Tierkommunikatorin, pendelt und kann Chakren öffnen. Bei Messa waren das Hals- und das Wurzel-Chakra blockiert. Nach deren Behandlung wandelte sich Messa's Kommunikationsmuster. Sie ließ sich nun lieber anfassen, ging auf uns zu. Sie fand es total spannend, dass sie sich nun mit einem Menschen unterhalten konnte und zeigte sich um ein vielfaches zugänglicher, als jemals zuvor.

Sie liebte es, sich mit Birgit zu unterhalten, die Verbindung funktionierte über alle Grenzen hinweg und sie ‚besuchte' sie auch in deren Küche, wenn sie etwas loswerden wollte. Sie deponierte bei Birgit, dass auch ‚ihr' Mensch mitbehandelt gehört. Lisa und sie seien Spiegel füreinander und eine steht der anderen hilfreich bei der Bewältigung ihres Schmerzes, ihres Verlustes zur Seite.

Eines Tages war Messa im Mittelpunkt der Aufmerksamkeit der beiden Frauen. Sie verfolgte gespannt deren Gespräch und Birgit's Aktivitäten. Birgit hatte Lisa eingeladen, sich die Chakren von ihr auspendeln bzw. öffnen zu lassen. Sie kannte Lisa's skeptische Haltung. Sie erspürte deren Schutzwall, den diese zwischen sich und ihrem Schmerz errichtet hatte. Sie zeigte ihr zuerst, was sie mit Messa macht, wenn sie diese behandelt. Es hatte den Anschein, dass Messa sich bewusst vorbildlich und kooperativ gab, wie um Lisa zu zeigen, dass sogar sie es aushalten konnte. Birgit wollte Lisa keinesfalls mit ihrem Ansinnen überfallen und so formulierte sie ihr Anliegen diplomatisch und sehr zurückhaltend. Messa stand dabei und hörte sich das Gespräch an. Plötzlich ergriff sie jedoch die Initiative und schubste Lisa regelrecht zu Birgit hin:

„Mach endlich, du weißt doch, dass es gut für dich ist!" Lisa musste lachen und rief:

„ich mach ja schon!". Der Bann war gebrochen! Es zeigte sich, dass auch bei Lisa das Hals-Chakra, das Chakra für die Kommunikation, blockiert war. Nach der Behandlung offenbarte sich jedoch Lisa's wunder Punkt. Erstmal lag sie für eine Woche mit einer massiven Nebenhöhlenentzündung flach und musste Ruhe geben. Doch Ruhe ist etwas, was sich Lisa nur ganz schwer gönnen kann. Je länger sie nicht aktiv sein kann, desto schlimmer werden ihre Verspannungen und viel zu früh stürzt sie sich wieder in die Arbeit. Diesmal nahm sie sich jedoch Zeit zum Nachdenken und erkannte, dass ihre Aktivitäten ihr als Schutzwall dienten, um ihren seelischen Schmerz auf eine erträgliche Distanz zu halten. Und dass es Messa gleich erging. Als Kind fühlte sich Lisa diesem Schmerz hilflos ausgeliefert und suchte nach Möglichkeiten, ihm auszuweichen. Doch nun, als erwachsene Frau, sah sie auch, dass sie durchaus fähig war, auf eine andere Art mit dem Schmerz ihrer Seele umzugehen. Nun konnte sie tief durchatmen und ein neues Kapitel in ihrem Leben aufschlagen.

Messa ermöglichte Lisa Freiheit in einem Ausmaß, welche sie sich selbst sonst nicht zugestehen konnte. Umgekehrt war es aber genauso. Lisa verschaffte Messa die notwendige Freiheit, indem sie entspannt mit ihr am langen Zügel ins Gelände ging. Eine Freiheit, die Messa sonst nicht leben konnte. Beide Seelen wollten befreit werden, die gestutzten Flügel wollten endlich wieder wachsen und sich zum Fliegen ausbreiten können!

Birgit und ich betrachteten Messa und beinahe gleichzeitig kamen wir zu der Einsicht, ein geflügeltes Wesen vor uns zu haben. Plötzlich ergab die Bedeutung ihres Namens für mich einen Sinn. Auf- und abschwellend wie der Flügelschlag. Und ihre Seele wandte sich mir zu.

Zufrieden schleckte sie und kaute schließlich ab. Etwas war anders geworden. Sie hustete nicht mehr so viel und brauchte auch nicht mehr so viel Freiraum in der Herde. Nun konnte sie den Beobachtungsplatz am Zaun aufgeben. Sie fühlte sich mitten in der Herde wohl. Sie spürte, dass ein festes Band zwischen ihr und Lisa entstanden war. Ein Band, das sie jedoch nicht mehr als Einschränkung ihrer persönlichen Freiheit empfand. Natürlich bedeutete es Verantwortung, aber auch liebevolle Zuwendung, füreinander da zu sein. Sie schnaubte ab, während sie nachdachte und entschied, sich mit ihrem Schicksal zu versöhnen.

Heute läuft Messa wieder ganz normal in der Herde mit. Sie braucht kein gewaschenes Heu mehr und der Husten ist, bis auf wenige Ausnahmen an staubigen und heißen Tagen, vorbei.

1.2.8 Der Diener: Gambri

Am 11. November feiern wir das Fest des Hl. Martin. Der spätere Bischof von Tours wurde im Jahre 316 n.Chr. in Ungarn geboren. Die Legende berichtet von folgender Begebenheit, die die Grundlage für die heutigen Martinsfeste und die Darstellung der christlichen Nächstenliebe ist. Martin war als junger römischer Soldat an einem kalten Winterabend mit seinen Kameraden auf der Straße nach Amiens unterwegs. Am Stadttor trat ihm eine armselige, in Lumpen gehüllte Gestalt entgegen und streckte ihm zitternd die bettelnde Hand entgegen. Weil der junge Soldat jedoch kein Geld bei sich trug, ihn der arme Mann jedoch dauerte, zog er kurz entschlossen sein Schwert. Er teilte seinen Mantel in zwei Teile und gab einen Teil dem Armen. Dabei kümmerte er sich nicht um das verächtliche Gebaren seiner Kameraden. In der darauffolgenden Nacht erschien ihm Christus im Traum, der mit dem Stück seines Mantels bekleidet war. Dieses Erlebnis beeindruckte Martin so sehr, dass er sich taufen ließ.Die bildliche Darstellung von Martin zeigt ihn im roten Mantel auf einem weißen Pferd sitzend, mit dem Schwert in der Hand. Er ist der Patron der Bettler und der Geächteten.

Mein Pferd Gambri hat mich jahrelang bei den Martinszügen begleitet und dieser ehrenvollen Aufgabe gedient:

„Seit 7 Jahren habe ich die Ehre, das Pferd des Hl. Martin zu sein. Das ist kein leichter Dienst. Ich muss meine vertraute Umgebung verlassen und alleine in den Pferdehänger steigen. Ich muss darauf vertrauen, dass ich danach auch meine Herde, in der ich lebe, wiederfinde. Wenn wir auftreten ist es schon finster. Wir Pferde sehen im Dunkeln sehr gut. Aber das Licht der vielen Laternen sorgt dafür, dass die Menschenkinder dahinter für mich verborgen bleiben. Allerdings spüre ich ihre große Aufregung genauso wie die Aufregung meiner Reiterin, die den Hl. Martin darstellt.

Dabei ruhig und gelassen zu bleiben, ist wirklich nicht einfach. Zusätzlich begleitet unseren Zug auch noch die Feuerwehr. Mit ihren großen Fahrzeugen und den eingeschalteten blauen Lichtern irritiert sie mich. Vor allem auch deswegen, weil ich es so selten sehe. Meistens führe ich den Zug an und all die großen und kleinen Menschen mit ihren Laternen folgen mir. Sie singen Lieder und spielen mit ihren Instrumenten. Da brauche ich die sichere Unterstützung meiner Begleiterin, damit ich meine Aufregung im Zaum halten kann. Ich konzentriere mich auf sie, ihre Gesten und ihre Stimme. Dann ist selbst das Martinsfeuer nicht mehr ganz so schlimm. Bei meinem letzten Einsatz als Martinspferd waren wir mitten in der Stadt und von einem großen Menschenkreis umgeben. Ich befand mich im Mittelpunkt der Aufmerksamkeit von hunderten Kindern und ihren erwachsenen Begleitern. Diese geballte kindliche Energie, die gebannt unser Spiel vom Teilen des Mantels verfolgten, hat mich sehr tief berührt. Ganz plötzlich war meine ganze Aufregung dahin. Ich ließ meinen Kopf sinken und schnaubte ab, leckte und kaute.

Ich überwand mich und ging ganz nahe an die Kinder mit ihren Laternen heran. Ich sah den Glanz in ihren Gesichtern und fühlte mich angezogen von ihrer Sehnsucht und ihrer Liebe zu mir. Ich verstand, dass schenken und beschenkt werden Hand in Hand gehen und wir uns gerade gegenseitig ein großes Geschenk machten! Ich erlebte all das voller Staunen und Freude und spürte, wie mir die Kinderherzen zuflogen. Gleichzeitig erahnten sie, was es mich kostete, ihnen diesen Dienst zu erweisen und ihnen eine schöne Erinnerung zu bescheren.

Seit 7 Jahren bringe ich nun jedes Mal am Martinstag dieses Opfer. Ich muss dabei über mich selbst hinauswachsen und Dinge tun, die mich als Pferd ängstigen. Doch jedes Mal gewinne ich auch einen Schatz. Ich gewinne die echten, unverfälschten Gefühle der Menschen und einen Sack Karotten als Dank!"

1.2.9 Loyalität: Sara von Faltensteffl

Sara von Faltensteffl kam aus dem gleichen Gestüt, wie Prinsessa. Sie war nur ein Jahr jünger als diese. Wie schon im Archetyp ‚Die Königin' beschrieben, fanden die beiden nach jahrelanger Trennung bei mir wieder zueinander.

Sara verhielt sich jedoch nicht nur Prinsessa gegenüber loyal, sondern war und ist es auch mir gegenüber. Diese innere Haltung wurde mir bewusst, als sie ohne zu zögern den Job einer Ammenstute übernahm. Eine meiner Stuten wurde schwer krank, als ihr Fohlen erst einen Monat alt war. Sie musste dringend in die Klinik. Schon die Tage davor hatte sie nicht mehr genug Milch für den Kleinen gehabt. Die Chancen für die

Stute standen sehr schlecht. Ich plante also, ihr Fohlen daheim zu lassen. (Die Geschichte dieses Fohlens findest du im Kapitel 3.4). Das Fohlen hatte vier Jahrgangskollegen und nun grübelte ich, welcher Stute ich den Zwerg sozusagen unterjubeln könnte. Das ist allerdings nicht so einfach, denn die Stuten haben da auch ein gewichtiges Wort mitzureden. Kaum eine macht das ohne erhebliche Widerstände. Zuerst kam mir Prinsessa in den Sinn, sie war die Leitstute und ... nein, das ging gar nicht. Mit fremden Fohlen war sie immer schon sehr eigen. Dann dachte ich an Una, meine erste und älteste. Eigentlich ging das auch nicht. Sie war nun schon dreiundzwanzig Jahre alt und hatte mit ihrem letzten Fohlen Alrún genug zu tun. Meine Gedanken wanderten zu Drusla, einer jungen Stute mit ihrem ersten Fohlen.

„Sie muss doch erst ihre Erfahrungen machen", das ging also auch nicht. Blieb nur noch Sara, die loyale Sara. „Ja", dachte ich, „das könnte gehen", und meine Gedanken hellten sich auf.

Am nächsten Tag holte ich Sara aus der Herde und brachte sie mit dem fremden Fohlen zusammen. Sie war ganz mütterlich und bot ihm gleich ihr Euter dar. Er brauchte etwas länger, um Mut zu fassen. Ich schob ihn näher und lenkte seinen Kopf in die richtige Richtung. Als keine Abwehrbewegungen von Sara kamen, ließ er sich das köstliche Nass schmecken. Er schmatzte, bis er endlich einmal satt war.

Die beiden hatten sich auf eine wunderbare Weise miteinander verständigt. Von nun an lief er mit ihr mit und sie kümmerte sich um ihn genauso, wie um ihr eigenes Fohlen.

2   Der Ruf, folge deiner Sehnsucht

Du bist fasziniert von Pferden und versuchst, ihnen privat oder in einer Reitschule nahe zu kommen. Möglicherweise begleitet dich der Wunsch danach schon länger, aber du hast noch nicht die richtigen Menschen gefunden, die dich bei der Verwirklichung deines Wunsches unterstützen könnten. Du hast vielleicht schon ein eigenes Pferd oder eine Reitbeteiligung oder zumindest ein Pflegepferd.

Möglicherweise hast du aber mit Pferden gar nichts am Hut, sondern betrachtest sie nur respektvoll aus der Ferne. Aber auch dann können sie Wegweiser für dein Leben sein. Sie können dich dabei unterstützen, deinen persönlichen Ruf wahrzunehmen und ihm zu folgen.

Ich befrage die Menschen, die in meine Reitschule kommen, stets, warum sie reiten lernen möchten. Jede Antwort, die ich erhalte, ist anders. Aber ich glaube, dass die Ursache für die Motivation immer die gleiche ist.

Die Hinwendung zum Pferd ermöglicht es uns, uns selbst näher zu kommen. Wir erkennen unsere Gefühle und unsere Überzeugungen über uns und das Leben. Wir stellen sie auf den Prüfstand und gegebenenfalls ändern wir sie. Wir nehmen unseren Wesenskern, unseren Archetyp und unsere Aufgabe im Leben wahr und handeln danach.

Pferde lassen sich nicht von unseren aufgesetzten Masken täuschen. Sie durchblicken unsere ‚Coolness' und erkennen die wahren Gefühle dahinter. Pferde verschaffen uns Zugang zu den Botschaften unserer Seele und unterstützen uns mit Hingabe, wenn wir sie lassen.

Was ist es, was dich so fasziniert, dass kein Weg daran vorbeiführt? Welche Vision begleitet dich schon sehr lange und du hattest bloß noch nicht den Mut, sie zu verwirklichen?

Welcher Traum ist immer wieder präsent und verlangt nach Verwirklichung?

Eine Freundin hat mir den nachfolgenden Text geschenkt.

Mut und Vision

„Was fange ich nur mit ‚Mut und Vision' an? Bin ich mutig? Ja, mutig bin ich manchmal, auch wenn ich nie aus einem Flugzeug springen werde. Und Vision? Was heißt das eigentlich genau? Laut Wikipedia ist es ein Anblick, eine Erscheinung. Das innere Bild einer Vorstellung, meist auf die Zukunft bezogen. Die langfristige Ausrichtung auf ein Ziel oder eine Vorstellung. Aber auch eine optische Sinnestäuschung. O.k., grüne Männchen und Feen habe ich noch nie gesehen, aber eine langfristige Ausrichtung auf ein Ziel – ja, damit kann ich etwas anfangen.

Meine Vision begann vor ca. zwei Jahren. Als ich nach einer Reitstunde von Dagfari abstieg, wurde mir etwas klar. Das, was mir am Reiten so Spaß gemacht hat, war nicht mehr so, wie früher. Verwirrt fuhr ich nach Hause. Aber ich wollte doch schon immer reiten, warum fühlte es sich jetzt so falsch an? Am nächsten Morgen hatte ich meine Antwort. Mir fehlte die Nähe zu ‚einem' Pferd. Ich wollte eines, mit dem ich Zeit verbringen konnte. Ich wollte es betüddeln, schmusen und etwas spazieren gehen. Mehr Nähe aufbauen, als es eben in einer Stunde Reiten möglich ist.

Doch wie sah das Pferd meiner Vision aus? Und wo finde ich einen Platz, wo meine Vision wirklich werden kann? Auch diese Frage wurde mir schnell beantwortet. Waltraud verkaufte gerade eines ihrer jungen Pferde. Ich wollte wissen, ob sie denn alle verkauft.

„Nein", sagte sie, „aber ich habe zwei, die einfach nicht für den Reitunterricht geeignet sind. Deswegen suche ich passende Menschen für sie."

Einer davon war Randver. Randver ist ein Isländer-Welshpony-Mix und etwas klein geraten. Ich wollte wissen, was sie sich denn für Randver vorstellt.

„Ach", meinte sie, „es wäre schön, wenn sich jemand einfach mit ihm beschäftigt, etwas Bodenarbeit macht und mit ihm spazieren geht ..." Das kam mir aber sehr bekannt vor!

Ich fragte die Pferde. Randver kam sofort zu mir und blieb so lange bei mir stehen, bis Waltraud lachend meinte:

„Hast Du ein Pferd an Dir kleben?"

So kam ich zu Randver. Vielleicht sollte ich vorausschicken, dass sich meine Erfahrung mit Pferden bis dahin auf den Umgang mit braven und gut ausgebildeten Schulpferden beschränkte. Also schnappte ich mir glücklich ‚mein' Pferd und wollte ihn nur putzen. Aber nichts war so, wie ich dachte. Beim Putzen hatte ich den Eindruck, er ist froh, wenn ich fertig bin. An schmusen war er nicht interessiert. Im Gesicht wollte er sich auch nicht anfassen lassen. Beim Hufe säubern lagen wir auch schon mal beide auf dem Boden, weil er sich einfach auf mich stützte. Bei der Bodenarbeit – ich hatte auch so gut wie keine Ahnung davon –sollte das geschehen, was er machen wollte. Er lief los, ganz egal, ob ich hinten dranhing oder nicht. Und er zwickte mich. Spazierengehen? Eher spazieren rennen, kombiniert mit plötzlichen Fressstops wäre zutreffend gewesen. Nähe? Nein danke.

Meine Vision sah ganz anders aus. Was nun? Aufgeben? Ich stellte mir die Frage:

„Will ich das denn wirklich?"

Irgendwann war mir klar, dass ich etwas Entscheidendes übersehen hatte. Ich konnte nicht am Ziel beginnen! Es galt erst viel zu lernen. Zum Beispiel über Grenzen. Meine und seine. Das Überschreiten dieser Grenzen wahrzunehmen. Randver war und ist ein strenger Lehrer. Überschritt ich seine Grenzen, zwickte er. Achtete ich nicht auf meine Grenzen, zwickte er. Ich hatte noch nie so viele blaue Flecken. Aber ich gab nicht auf, suchte nach kreativen Lösungen, die mal gelangen und mal nicht.

Manchmal dachte ich, es geht vorwärts, nur um am nächsten Tag ein ausschlagendes Pferd zu haben. Mein Mut, an meiner Vision festzuhalten, wurde auf eine harte Probe gestellt. Denn zeitgleich geschah etwas Seltsames. Plötzlich mischten sich alle Freunde, Verwandten und Kollegen ein.

„Warum tust du dir das an? Denk an deine Kinder, wenn du ausfällst! Was willst du denn, den kann man doch eh nicht reiten! Spazieren gehen willst du? Leih dir einen Hund. Was? Du zahlst auch noch dafür?"

Randver's Betragen war in etwa so, wie der Gegenwind meiner Umgebung. Er schleifte mich durch die Bahn, drängte mich an die Wand, zwickte und riss sich los. Irgendwann saß ich weinend in der Sattelkammer und beschloss, aufzugeben. Es erschien mir langsam sinnvoll, alles hinzuwerfen. Der Gegenwind war zu groß! Das Ziel scheinbar keinen Zentimeter näher gerückt. Warum bildete ich mir ein, dass ich das Recht hätte, mir die Zeit zu nehmen, um meine Vision zu verwirklichen?

Vielleicht sollte ich einen anderen Weg gehen und mir ein anderes Pferd suchen? Nein, wenn ich eines gelernt hatte, dann das. Mit einem anderen Pferd gäbe es andere Widerstände, aber ohne Mut ginge es da auch nicht! Am nächsten Tag fuhr ich in den Stall. Ich hatte langsam den Eindruck, dass Randver mich gar nicht mag. Also stellte ich mich in den Offenstall und bat ihn um eine Antwort. Ob er mich denn mag und ob er überhaupt mit mir arbeiten möchte. Denn wenn das nicht so ist, dann gehe ich. Seine Antwort kam sofort. Das Pferd, das ich sonst aus dem Fressstand holen musste, trabte auf mich zu, machte seinen Hals lang und legte seinen Kopf auf meine Schulter.

Von da an ging vieles besser. Ich war aufmerksamer und achtsamer, er auch. Ich versuchte ihn zu verstehen und er gab sich mehr Mühe, aus meinem Körpersprache-Kauderwelsch meine Absicht herauszulesen. Das Augen verdrehen übt er immer noch. Ich begann Bücher zu lesen, über Spiele mit Pferden, Massage, Bodenarbeit.

Der Durchbruch kam, als ich anfing mit ihm zu spielen. Plötzlich war ich interessant, unvorhersehbar. Ich hatte etwas, mit dem sich sein neugieriger Geist beschäftigen konnte. Erste kleine Runden um den Hof verliefen nun ohne Zwischenfälle und das Vertrauen zueinander wuchs. Der Umgang miteinander wurde besser. Ich sah es als Chance, mit ihm Dinge wie das Grenzen ziehen auf neutralem Boden zu üben. Ich nahm machen Zwicker als Anregung, über mich nachzudenken. Randver hat mich auf Herz und Nieren geprüft und den Mut gefasst, mir sein Herz zu öffnen.

Nun gehen wir auch spazieren. Für ihn am liebsten im Winter, wenn ganz dicke Flocken fallen und die Erde ganz ruhig ist. Es begegnen uns immer wieder ‚Ungeheuer', denen wir mittlerweile mutig gegenübertreten. Jedes Mal dehnen wir unseren Weg etwas aus, soweit unser Mut des Tages es zulässt. Und wenn es alleine nicht geht, holen wir uns Hilfe. Auch das ist auf dem Weg zum Ziel erlaubt. Nur eines darf man nicht – aufgeben und den Mut verlieren!"

Meditation

Du hörst den Ruf, mal fern, mal nah, du spürst die Vibration auf deiner Haut und unter deiner Haut.

Etwas ruft dich, lädt dich ein, lockt dich.lass dich ein auf seinen Rhythmus, auf seinen Klang.

Der Ruf schallt durch dein Leben, er bringt deine Haut zum Vibrieren, ein prickelndes Gefühl, ein gemeinsames Schwingen.

Der Klang berührt dein Innerstes, dein Herz klopft, aus deinem Unterbewusstsein steigen Gedanken und Bilder auf.

Du hörst den Ruf, aber noch siehst du nicht, wer oder was dich ruft. Unscharf sind die Bilder und du versuchst zu erkennen, was sich dir zeigt.

Du konzentrierst dich darauf, nichts anderes mehr ist wichtig.

Der Ruf betört dich, wird lauter, je mehr er sich dir nähert. Du hast schon eine Ahnung, wo dich der Weg hinführen wird.

Du folgst deiner größten, deiner tiefsten Sehnsucht!

Jetzt kannst du es klar erkennen, deine Vision, das, was du unbedingt verwirklichen möchtest, das, was Deinem Leben Sinn gibt, das, woran kein Weg vorbeiführt.

Deine Berufung ist kraftvoll und groß!

Doch du bist noch nicht bereit, viele ‚wenn und aber' hindern dich daran, den ersten Schritt zu tun.

Noch fehlt dir der Mut, alles Bekannte hinter dir zu lassen, dich auf den Weg ins Unbekannte zu machen.

Deine Vision ist wie ein Haus, in dem du wohnen möchtest. Du hast eine Vorstellung davon, in welcher Gegend dein Haus stehen soll und wer mit dir dort leben wird.

Du hast die Pläne gezeichnet, du hast dir überlegt, wie die Räume angeordnet sein sollen, du hast dir ausgedacht, was es sonst noch alles für die Verwirklichung braucht.

Das alles kannst du verwirklichen, wenn du wie ein Baumeister handelst.

Jetzt brauchst du Mut und Tatkraft.

Du musst dein Baumaterial besorgen und die einzelnen Steine zusammenfügen. Du brauchst Menschen, die dich dabei unterstützen und du musst Zeit und Geld dafür investieren.

Dein Haus, deine Vision braucht deine Hingabe!

Deine Vision treibt dich an und dein Mut, etwas zu wagen, hilft dir bei der Verwirklichung.

Nun bist du bereit für den ersten Schritt!

Du folgst deinem Ruf voller Freude!!!

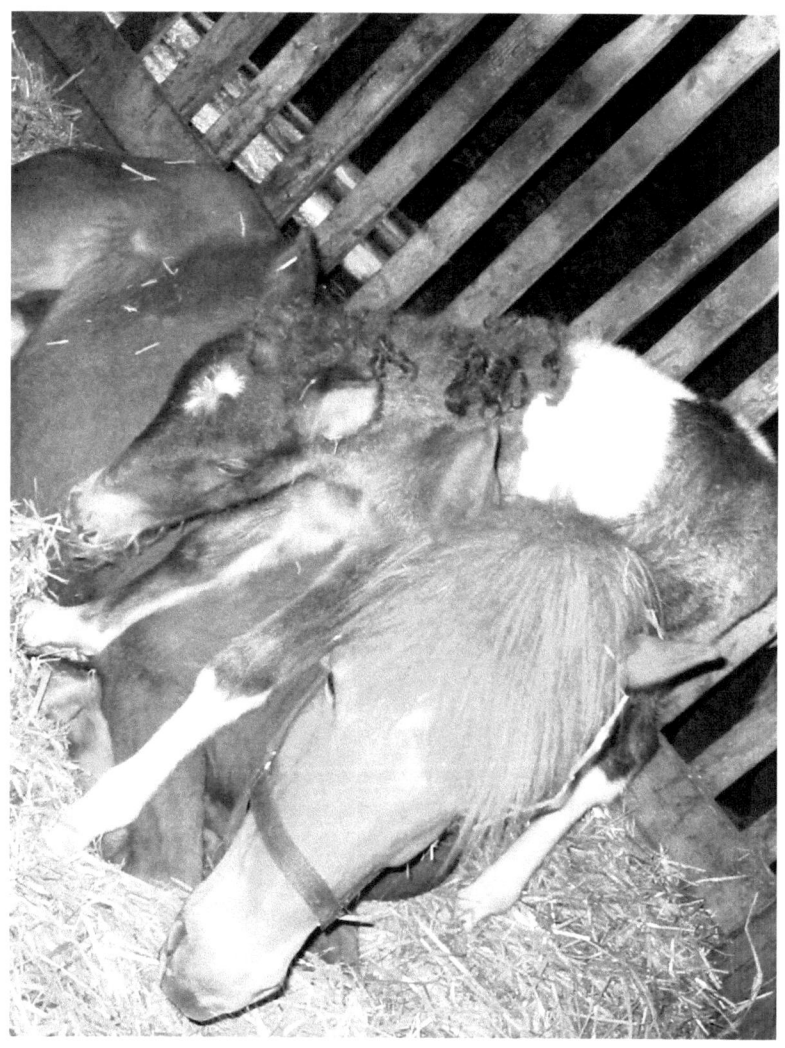

3 Hindernisse und alltägliche Probleme

Mein kindlicher Wunsch Reitlehrerin zu werden, stieß bei meinen Eltern auf wenig Gegenliebe. Fernab von störendem ndWetter wünschten sie sich für mich einen sicheren Arbeitsplatz in einem soliden Unternehmen mit regelmäßigem Einkommen. Mein Vater war zwar Hufschmied, hatte diesen Beruf jedoch gegen einen Arbeitsplatz mit geregelten Arbeitszeiten als Schmied in einer Kesselfabrik eingetauscht. Meine Mutter wuchs in der Nachkriegszeit auf einem Bauernhof auf und die für sie prägende Erfahrung war:

„Wir haben nicht einmal Schuhe gehabt, nur Strohpantoffeln!"

Was tut man nicht alles seinen Eltern (alternativ: Mann, Frau, Kindern, Freunden, etc.) zuliebe. In meinem Fall arbeitete ich siebzehn Jahre lang im Büro, bis ich den Mut fand, meinen ursprünglichen Berufswunsch zu verwirklichen. Meine Mutter bewunderte meine Pferde stets von weitem, aber ihre Enttäuschung über meine Berufswahl gipfelt auch heute noch in der ständig wiederkehrenden Aussage:

„Deine Pferde sind wunderschön, aber du Arme musst jeden Tag in den Stall gehen!"

Wenn wir unserem Ruf folgen, unsere größte Sehnsucht verwirklichen wollen, stoßen wir unweigerlich auf ein oder mehrere Hindernisse. Hindernisse, die sich uns vermeintlich von außen in den Weg stellen. Verpflichtungen wie zum Beispiel Arbeit, Familie und Kinder oder hinderliche Lebenssituationen und Ängste.

In den allermeisten Fällen jedoch lässt es sich darauf reduzieren, was wir glauben. Glaubenssätze sind in unserem Unterbewusstsein tief verankert und sie bestimmen die Sicht auf unser Leben.

Die Hindernisse, die sich im Außen zeigen, haben immer einen Bezug zu unserer inneren Einstellung, sie konfrontieren uns mit unseren ungesehenen Gefühlen, mit unserem Ego und mit unseren oft anerzogenen oder übernommenen Glaubenssätzen.

Jetzt wird's schwierig ...

Matthias kam zum Coaching, weil er das Gefühl hatte, in seinem Leben „festzustecken". Wir hatten uns vorab schon ausführlich mit seinen Zukunftsvisionen beschäftigt. Bei der Übung mit meiner Stute Sara wollte er nun herausfinden, was ihn denn an deren Verwirklichung hindert.

Ich erläuterte ihm die Aufgabe. Er sollte das Pferd ohne Halfter eine bestimmte Strecke bis zum (mit Pylonen markierten) Ziel führen. Das Pferd wäre vollkommen frei in seinen Entscheidungen. Matthias machte sich an die Bewältigung dieser Aufgabe. Er ist schon geübt im Umgang mit den Pferden und die ersten Meter folgte ihm Sara gerne. Zwei Meter vor dem Ziel drehte sie sich plötzlich um und lief zurück zum Ausgangspunkt. Matthias stand verdattert da. Ich fragte ihn:

„Was hast du dir gerade eben gedacht?"

„Es war ja klar, dass es so gekommen ist ..." antwortete er niedergeschlagen. Ich schüttelte den Kopf.

„Ich meine, was hast du dir in der Sekunde, bevor das Pferd abgebogen ist, gedacht?" Matthias überlegte.

„Ich habe ich mir gedacht: jetzt wird's schwierig!"

„Genau. Und weil du an dir gezweifelt hast, es aber nicht zugeben wolltest, hat dich Sara verlassen. Wo in deinem Körper spürst du diesen Zweifel?" Matthias legte die Hand auf seinen Solarplexus.

„Hier fühlt es sich an, wie wenn ein harter Knödel in mir liegt."

„Bleibe bitte in Kontakt mit diesem harten Knödel und mit deinem Zweifel und probiere es noch einmal, mit Sara das Ziel zu erreichen."

Matthias lud die Stute ein, ihm zu folgen und diesmal erreichten sie problemlos das Ziel. Ich bat ihn, noch mal in seinen Solarplexus hineinzuspüren.

„Da ist kein Knödel mehr", sagte er überrascht. „Der hat sich aufgelöst!" Wenn wir in Verbindung mit den Informationen unseres Körpers und unseres Gefühlslebens sind, wenn wir wahrnehmen und zugeben, was tatsächlich mit uns los ist, dann wird das Pferd uns vertrauen. Probleme entstehen dann, wenn wir uns nach außen hin anders geben, als uns inwendig zumute ist.

3.1 Symptom und Ursache

Immer wieder begegnen uns im Alltag mehr oder weniger lösbare Probleme im Umgang mit unserem Pferd. Es kommt nicht her, wenn wir es rufen, stattdessen müssen wir es vom hintersten Winkel der Weide abholen. Es zappelt am Putzplatz herum und beäugt den Sattel sehr kritisch. Bei der Bodenarbeit ist für das Pferd alles andere interessanter, als sein Mensch. Das Pferd ist plötzlich krank und wir können uns nicht erklären, wie es dazu kommen konnte. Die Liste ließe sich noch unendlich fortsetzen.

Die meisten Menschen neigen dazu, äußere Umstände dafür verantwortlich zu machen. Dies tun sie aus einem einfachen Grund. Sie glauben, dass die Beseitigung der Störungen oder das Erlernen neuer Techniken das Lösen der auftretenden Probleme erleichtern wird. Ich vergleiche diese Herangehensweise gerne mit der Sichtweise auf Krankheiten oder Beschwerden in der Schulmedizin. Es werden gerne Symptome behandelt, aber selten wird nach den tatsächlichen Ursachen geforscht. Erst wenn die Ursache erkannt ist und dort Abhilfe geschaffen wird, verschwinden die Symptome. Ich habe die Erfahrung gemacht, dass die Ursachen selten im Außen, vielmehr im Innersten des Menschen oder des Pferdes zu finden sind. Es ist das, was wir über uns und unsere Mitmenschen denken. Es ist das, was wir glauben und wie wir unser Leben leben.

In meiner Islandpferde-Reitschule habe ich immer wieder beobachtet, wie sich brave Pferde im Umgang mit manchen Menschen plötzlich völlig konträr zu ihrem sonstigen Benehmen verhielten.

Luise, ein 11jähriges Mädchen, kam in Begleitung ihrer schon länger bei mir reitenden Freundin Laura zu mir. Während beide die ihnen zugeteilten Pferde striegelten, erzählte Luise ihrer Freundin sämtliche schulischen und privaten Neuigkeiten. Laura reagierte ziemlich einsilbig und war konzentriert mit ihrem Pferd beschäftigt. Währenddessen beobachtete ich, dass Soti, Luise's

Pferd, immer zappeliger wurde. Unruhig trat er mal nach links, mal nach rechts und verfehlte schließlich nur knapp mit seinem Huf ihren Fuß. Da wandte sich Luise mir zu und beschwerte sich über ihr schlimmes Pferd. Luise hätte gerne gehabt, dass ich das Symptom ‚schlimmes Pferd' behandle, es entweder maßregle oder ihr ein anderes, braveres Pferd zuteile. Aber die Ursache für das Problem lag ja nicht beim Pferd. Ich fragte Luise:

„Wenn dich Laura zu sich nach Hause einladen würde und dann, wenn du da wärst, ständig mit dem Handy telefonieren oder herumspielen und dich nicht beachten würde, wie würdest du dich dann fühlen?"

„Das würde mich richtig ärgern und ich würde ihr sagen, dass sie damit aufhören soll. Wenn ich zu ihr komme, dann möchte ich mit ihr etwas unternehmen und nicht links liegen gelassen werden!", antwortete sie mir.

„Aha", sagte ich, „Soti möchte auch mit dir befreundet sein. Er möchte, dass du etwas mit ihm unternimmst und ihn nicht links liegen lässt. Er fühlt sich sehr unwohl, wenn du ihn zwar striegelst, aber mit deinen Gedanken ganz woanders bist. Kannst du bitte Soti wie einen Freund behandeln?" Luise dachte nach, dann nickte sie verlegen und ging wieder zu Soti. Nun widmete sie sich achtsam ihrem Pferd und Soti stand so ruhig, wie ich es normalerweise von ihm gewohnt war.

Dieses Beispiel zeigt dir, wie wichtig es für dein Pferd ist, dass du achtsam und aufmerksam mit ihm umgehst. Wenn Deine Aufmerksamkeit anderweitig gebunden ist, du in Gedanken deinen Einkaufszettel durchgehst, dir der Ärger in der Arbeit noch nachhängt oder du dir überlegst, was heute denn alles schiefgehen könnte, dann garantiere ich dir, dass dein Pferd entsprechend darauf reagieren wird.

Wenn in deinem Kopf Chaos herrscht, wird dein Pferd auch chaotisch reagieren. Wenn du den Ärger und den Druck von der Arbeit mitnimmst, wird dein Pferd mit Gegendruck reagieren und dein Ärger sich potenzieren. Wenn du dir selbst nicht vertrauen kannst und du deinem Pferd und seinen Ängsten nicht genug

Aufmerksamkeit schenkst, wird es eigene Entscheidungen treffen, die dir möglicherweise nicht gefallen.

Weitere Probleme und Hindernisse des Alltags mit deinem Pferd möchte ich nun näher beleuchten:

1. Dein Pferd geht nicht richtig vorwärts
2. Dein Pferd ist mit seiner Aufmerksamkeit nicht bei dir
3. Dein Pferd zwickt, beisst oder droht dir
4. Dein Pferd ist schreckhaft
5. Dein Pferd läuft vor dir weg
6. Dein Pferd lässt sich auf einer Seite schlecht arbeiten

Die Liste ließe sich noch lange fortsetzen und wir haben wenig schmeichelhafte Bezeichnungen für solche Pferde. Tatsache aber ist, dass kein Pferd von Geburt an so ist. In den allermeisten Fällen sind diese Angewohnheiten Menschengemacht und die Kommunikation zwischen Mensch und Pferd mangelhaft.

3.2 Vorwärts? Nein danke!

In den Anfangsjahren meines Reitlehrerdaseins habe ich aus heutiger Sicht viele ‚Fehler' gemacht. Die Pferde mussten ‚brav' sein. Brav sein bedeutete, dass sie gut funktionieren mussten. Es bedeutete, dass sie auch dann die geforderten Lektionen zeigen sollten, wenn der Reiter mangelhaft mit ihnen kommunizierte. Wenn sich die Pferde weigerten, half ich, vom Reiter oft unbemerkt, nach. Durch Positionswechsel am Reitplatz, durch treibendes Heben meiner Gerte, durch Einsatz meiner Stimme konnte ich viele Reitfehler ausgleichen und meine Reitschüler gingen zufrieden vom Platz.

Mit den Jahren allerdings wurde ich immer unzufriedener. Das leistungsorientierte Reiten und der dazupassende Unterricht erfüllten mich nicht mehr. Meine Pferde zeigten mitunter auch sehr deutlich, was sie davon hielten. Ich fühlte mich, wie wenn ich mit angezogener Handbremse mein Leben zu bewältigen versuchte. Dieser Zustand kostete mich sehr viel Energie.

Ich begann mir meine eigenen Hindernisse genauer anzusehen, statt sie mir wegzuwünschen. Ich erkannte, dass ein Hindernis immer die Chance für eine Weiterentwicklung beinhaltet. Ich verabschiedete mich davon, es als einen ungerechten Schicksalsschlag zu betrachten. Früher dachte ich sehr oft:

„Warum muss mir das (schon wieder) passieren?"

Heute denke ich darüber nach, welche Botschaft darin verborgen ist und welche kreativen Lösungen sich zeigen könnten.

Es ist sozusagen eine Frage des Blickwinkels. Ein Gebirge ist ein Gebirge. Aber ein Gebirge ist nicht nur sehr hoch, massiv, steinig und steil. Ein Gebirge verfügt auch über Almen, geheime Täler und Pässe, manchmal sogar über einen Tunnel, über den/die man es überwinden kann.

Das Stop-Schild

Dagfari kam im Alter von sechzehn Jahren zu mir und hat sich in dieser Zeit zu einem wahren Lehrmeister in der Reitschule entwickelt. Oder besser gesagt, ich habe mich so weiterentwickelt, dass er sich wie ein Lehrmeister verhalten kann.

Eines Tages suchte mich Anna auf. Anna ist Lehrerin, sehr vernunftorientiert und möchte gerne alles perfekt machen. Sie hatte Reiten als Ausgleichssport gewählt, weil sie in Kontakt mit Tieren sein wollte. Dadurch erhoffte sie sich einen Ausgleich zum schulischen, oft stressigen Alltag.

Sie fand es schwer, ihren Körper wahrzunehmen und sich auf dem Pferd zu bewegen und auszubalancieren. Veränderungen, wie die Zuteilung eines neuen Pferdes oder eine Änderung bei der Ausrüstung lösten Stress bei ihr aus. Anna hatte nun schon einige Reitstunden hinter sich. Ich fand, dass es nun an der Zeit war, ihr das Lenken des Pferdes mit einem kompletten Zaumzeug statt wie bisher nur ohne Trense mit dem Zügel am Halfter beizubringen. Schon beim Aufzäumen bemerkte ich ihre Besorgnis, dem Pferd mit ihrer Unerfahrenheit möglicherweise Schmerzen zuzufügen. Ich fragte sie, wie sie denn heute ‚da' sei, wie sie sich fühlte.

„Alles in Ordnung", versicherte sie mir. Ich erlaubte mir im Stillen, dies zu bezweifeln. Als sie im Viereck los ritt, bewegte sich ihr Pferd Dagfari aufreizend langsam. Er schlich wie in Zeitlupe und Anna konnte ihn nicht zu einem schnelleren Tempo motivieren.

„Alles klar", dachte ich und laut sagte ich zu ihr:

„Meistens gibt es ein inneres Hindernis, warum man nicht vorwärts kommt. Was glaubst Du, was dein Hindernis ist?"

Anna sah mich kurz an, zog eine Augenbraue hoch und überlegte.

„Na ja, das mit dem Zaumzeug ... ich weiß nicht, wie ich damit umgehen soll ... am liebsten würde ich es ausprobieren, ohne dass du mir dabei zusiehst!" Sie klang verzweifelt.

„Gerne", sagte ich, „ich kann auch woanders hinschauen" und drehte mich von ihr weg. Natürlich beobachtete ich sie aus den Augenwinkeln, immerhin fühlte ich mich als ihre Reitlehrerin für ihre Sicherheit verantwortlich. Vorsichtig nahm Anna nun mit den Zügeln Kontakt zum Pferdemaul auf und testete, wie stark der Impuls sein musste, damit Dagfari mit der gewünschten Richtungsänderung reagierte. Ich ließ sie eine Weile experimentieren, bis ich sah, dass sie selbst mit ihren Ergebnissen zufrieden war. Nun war auch das vorherige Schneckentempo einem zufriedenstellenden Arbeitstempo gewichen. Ich sprach Anna auf die Veränderung an, dass sich ihre Blockade durch Wegnahme des Drucks auflöst. Sie stimmte mir zu und nach ein paar weiteren Runden fiel ihr ein Erlebnis vom selben Nachmittag ein.

„Ich wollte meine Eltern besuchen und hatte es sehr eilig. Doch plötzlich stand ich im Stau. Nichts ging mehr! Obwohl ich in der Gegend und zu dieser Tageszeit noch nie im Stau gestanden bin. Das hat mich ziemlich frustriert, aber ich musste mir einfach die Zeit nehmen!" Dagfari senkte seinen Kopf und schnaubte ab. Ein paar Minuten später fuhr sie fort:

„Heute war in der Schule auch so eine ähnliche Situation. Ich wurde unter Druck gesetzt und da hab ich mich gewehrt. Ich habe gesagt, wenn ihr mich weiterhin so unter Druck setzt, mache ich gar nix mehr!"

Dagfari kommentierte diese Erkenntnis wieder mit einem lauten Schnauben. Wenn Pferde die Gedankenprozesse der Menschen mitverfolgen, bieten sie ihre Mitarbeit mit ihren Ausdrucksmöglichkeiten an. Abschnauben ist nicht nur eine Reinigung der Nüstern und Atemwege, sondern auch ein Zeichen von Entspannung und Zufriedenheit. Ich war amüsiert und erklärte ihr meine Reaktion.

„Wenn Du heute schon den ganzen Tag in Deinem Kopf das Stoppschild mit Dir herumträgst, ist es kein Wunder, wenn Dein

Pferd nicht vorwärts möchte. Pferde lesen unsere inneren Bilder und verhalten sich dementsprechend." Anna bedachte diese Information und erklärte sich bereit, dieses innere Stoppschild zu entfernen. Der restliche Verlauf der Reitstunde verlief nun ohne Hindernisse im angemessenen Tempo.

Ich glaube ...

Dagfari hatte es sich früher auch zur Angewohnheit gemacht, in den ersten Minuten des Warmreitens im Schritt immer wieder stehenzubleiben und die ‚Pinkel-Stellung' einzunehmen. Doch es kam nichts. Auf diese Art und Weise konnte er ein paar Minuten Pause lukrieren. Früher betrachtete ich dieses Verhalten als Unart und löste das Problem, indem ich Dagfari einfach weiter trieb. Heute betrachte ich diese Eigenart aus einem völlig anderen Blickwinkel.

Dagfari war Anna für die Reitstunde zugeteilt. Schon in der ersten Runde stoppte er und stellte sich zum Pinkeln auf. Geduldig nahm Anna den leichten Sitz ein und wir warteten, allerdings vergeblich. Also ritt sie wieder an und versuchte, die angesagten Bahnfiguren umzusetzen. Es fiel ihr sehr schwer, den Bewegungsfluss aufrechtzuerhalten, denn Dagfari hatte andere Pläne. In jeder Runde trug er mindestens einmal zum Pinkeln an. Ich bemerkte, dass Anna immer ungeduldiger wurde, schließlich fragte sie mich genervt:

„Was hat er denn heute? Warum geht er nicht vorwärts?"

Ich fragte zurück:" Was hast du denn heute? Was geht dir an die Nieren?"

„Alles", kam es frustriert zurück. „Ich muss die Abi-Aufgaben korrigieren und wir haben heuer viel weniger Zeit dafür, als sonst! Das setzt mich ziemlich unter Druck!" Dagfari senkte den Kopf und schnaubte ab.

„Und wie gehst du mit diesem Druck um?" fragte ich weiter.

„Ich weiß nicht ...", kam es zögernd und ich wartete. Ich sah, wie es in ihr arbeitete. Endlich hatte sie gefunden, was sie suchte:

„Ich habe einen Schüler, der gerade mal soviel macht, dass es fürs Durchkommen reicht. Ich wollte aber, dass er beim Abi mit besseren Noten abschneidet und habe ihn entsprechend unter Druck gesetzt."

„Warum?" fragte ich nach.

„Damit seine beruflichen Chancen besser sind ... aber auch", gab sie zu, „weil ich nicht wollte, dass sich seine schlechten Noten auf den Notendurchschnitt der ganzen Klasse negativ auswirken. Aber dann erkrankte der junge Mann am Pfeifferschen Drüsenfieber und seitdem habe ich ein ganz schlechtes Gewissen, wenn ich jemandem Druck mache oder machen soll!" Ihr Glaubenssatz, der ihr im Weg stand, lautete:

„Ich glaube, dass Druck Stress macht. Stress macht krank und dafür möchte ich nicht verantwortlich sein." Während sie mir das erzählte, leckte und kaute Dagfari und schnaubte immer wieder ab. Anna war bei ihrem authentischen Gefühl angelangt und hatte ihr Hindernis wahrgenommen. Ich fragte sie nun:

„Hat nicht jeder Mensch – und auch dein Pferd – die Freiheit zu entscheiden, wie es mit diesem Druck umgeht? Krank zu werden ist eine Möglichkeit. Aber dein Pferd könnte auch einfach nur stehenbleiben, buckeln, davonrennen. Oder aber auch es einfach als das nehmen, was es ist, nämlich eine Aufforderung, ein bischen schneller zu gehen. Kannst du dir vorstellen, es unter diesen Gesichtspunkten noch mal zu probieren?" Anna konnte. Von da an verzichtete Dagfari auf seine ‚Pinkel-Pausen' und legte ein flottes Tempo vor.

Dieses Erlebnis zeigt dir, wie Glaubenssätze dir im Weg stehen können. Die Pferde versuchen ständig, sich uns mitzuteilen. Meistens sind wir aber so darauf fixiert, das zu glauben, was sie vermeintlich ‚sagen', dass wir die tatsächliche Botschaft nicht verstehen.

3.3 Aufmerksamkeits-Defizit

Sicher hast du schon die eine oder andere der folgenden Empfehlungen bekommen:

„Wenn du dein Pferd führst, musst du der Chef sein."

„Lass dir nichts gefallen."

„Dein Pferd verarscht dich bloß."

„Greif endlich mal durch." Usw., usw.

Oder du fühlst dich zurückgewiesen und verärgert, wenn dein Pferd seine Umwelt mehr interessant findet, als dich und das, was du mit ihm machen möchtest.

Vom Kopf in den Körper

Sabine war in ihrem Arbeitsleben ständig damit konfrontiert, dass ihre jungen Kollegen ihre Anweisungen nicht ernst nahmen. Schließlich machte sie frustriert selbst deren Arbeit mit. Sie sagte von sich:

„Wahrscheinlich müsste ich selbstbewusster wirken. Möglicherweise drücke ich mich nicht verständlich genug aus. Ich glaube, dass ich meine Grenzen nicht klar genug kommunizieren kann. Aber ich habe keine Ahnung, wie ich das ändern könnte."

Ihr Pferd war ein noch junges, unerfahrenes und ziemlich rüpelhaftes Kaltblut, an dem sie jedoch einen Narren gefressen hatte. Schwerfällig stapfte er neben ihr her. Mit seiner ruppigen Art eckte er auch entsprechen an. Wenn Menschen seine Grenzen überschritten, zwickte er oder er riss sich einfach los. Sabine sah es als ihre Herausforderung, mit diesem Pferd zurechtzukommen.

„Wenn ich es schaffe, dass er macht, was ich möchte, dann wird es auch in der Arbeit besser laufen," war sie überzeugt.

Nun trainierte sie schon ein paar Wochen mit ihm und es gab auch mal gute Tage. Der Durchbruch wollte ihr jedoch nicht recht gelingen. Der ‚Kalte' hatte auch bei ihr die oben erwähnten unangenehmen Eigenschaften perfektioniert. Er riss sich einfach los, um anschließend in die Ecke des Reitplatzes zu laufen, die an den Offenstall angrenzt. Aufgrund seiner Körperstärke hatte er leichtes Spiel mit der zierlichen Sabine. Für Spiele war er aber jederzeit zu haben und die verschiedensten Übungen der Bodenarbeit machte er anstandslos mit. Sabine's Handicap war, dass ihre Gedanken ständig kreisten:

„Was ist, wenn er sich wieder losreißt? Wieso schaut er wieder in die Ferne, statt sich mir zuzuwenden? Ich fühle mich missachtet und verarscht! Was mache ich schon wieder falsch?" Sie war so mit ihren vermeintlichen Fehlern und tatsächlichen Erfahrungsmängeln beschäftigt, dass keine Verbindung zum Pferd entstehen konnte. Das Pferd wandte sich aufgrund ihres Gedanken- und Gefühlschaos tatsächlich von ihr ab. Ich fragte Sabine also am Beginn der Trainingseinheit, was sie denn heute gerne mit ihrem Pferde machen möchte.

„Ich möchte, dass er sich von mir führen lässt. Ich möchte, dass er überall mit mir hingeht, wo ich mit ihm hingehen möchte." Das Kaltblut stand nahe bei uns und versuchte ständig, den Strick in sein Maul zu nehmen und darauf herumzukauen. Sabine reagierte darauf nervös und abgelenkt. Ich hakte den Strick einfach vom Halfter los. Nun konnte sich das Pferd frei entscheiden, wo es hingehen wollte. Er entfernte sich ein paar Schritte, seine Ohren waren jedoch aufmerksam auf uns gerichtet. Ich lud Sabine ein zu spüren, wo sich denn ihre Ängste und Anspannungen in Bezug auf dieses Pferd in ihrem Körper zeigen. Sie legte ihre Hand eine Handbreit über ihrem Nabel auf den Bereich des Sonnengeflechts (Solarplexus).

„Wenn Du deinen Körper als einen Raum wahrnimmst, in dem du dich befindest, was genau siehst du dann an dieser Stelle?", fragte ich sie.

„Eine versperrte Tür mit einem großen Metall-Schloss ohne Schlüssel. Ich kann das Schloss nicht aufbrechen. Es ist sehr massiv und ich möchte mich dieser Tür auch nicht nähern!"

Der ‚Kalte' war inzwischen an das andere Ende des Reitplatzes geschlendert.

„Kannst du diese Tür mit dem Schloss auch aus einem anderen Blickwinkel betrachten?" Sabine wiegte zweifelnd den Kopf.

„Du könntest probieren, ob du um diese Tür herumgehen kannst, um zu sehen, was sich auf seiner Rückseite zeigt." schlug ich vor.

„Das geht", meinte sie, „da hat die Türe ein Loch!"

„Was siehst du, wenn du durch dieses Loch schaust?"

„Ich sehe eine Wiese und blauen Himmel und viele Blumen auf der Wiese. Es ist ein sehr einladender Platz!" Mittlerweile war das Pferd wieder bei ihr, hielt jedoch einen Abstand von etwa vier Metern.

„Was hindert dich daran, diese Wiese zu betreten?"

„Die Tür klemmt, etwas blockiert sie, aber es ist nicht das Schloss. Wenn ich durch das Loch schaue, sehe ich einen Haufen Steine, die verhindern, dass sich die Tür öffnen lässt."

„Gibt es ein Werkzeug, dass du benutzen kannst, um die Steine wegzuräumen?"

„Ja, ich habe einen Stab und kann die Steine wegschieben. Wenn ich jetzt an der Tür rüttle, gibt sie nach und ich könnte mich durchzwängen. Aber ich zögere noch, obwohl das Schloss nun vollständig verschwunden ist."

„Gibt es jemanden, der dich begleiten könnte und dem du soviel vertraust, dass du dann durch diese Tür gehen kannst?" Es dauerte eine Weile, bis die Antwort kam.

„Ja, ich vertraue meinem persönlichen Schutzengel! Er hält mir den Rücken frei. Mit ihm kann ich durch diese Tür auf die Wiese gehen!" Sie lächelte glücklich.

„Kannst du deine Wiese, die dir so gefällt, deinem Pferd zeigen? Kannst du mit deinem Pferd und deinem Schutzengel, der dir den Rücken frei hält, die verborgenen Pfade erkunden und ihn zu deinen Lieblingsstellen führen?" Sabine wandte sich ihrem Pferd zu. Er sah sie an, leckte sich das Maul und kam auf sie zu.

Ohne Führseil und ohne das Pferd zu berühren, machte sich Sabine auf den Weg und das Kaltblut ging entspannt an ihrer Seite. Egal, wo sie sich hinwandte, welche verschlungenen Wege sie auch wählte, er folgte ihr, ohne dass sie ihn darum bitten musste. Zweimal zögerte er kurz, weil er einen Radfahrer und einen Traktor näher betrachten wollte, doch Sabine ließ sich nicht beirren. Sie ging beständig weiter und er folgte ihr wie an einem unsichtbaren Seil.

„Ich hatte gar keinen Zweifel! So ist Führen leicht", gestand sie mir abschließend strahlend. Ihr Pferd stand neben ihr und gähnte.

Dieses Erlebnis zeigt Dir, dass ein sich ständig in deinem Kopf drehendes Gedanken-Karussell erfolgreich verhindert, dass du Verbindung mit deinem Pferd aufnehmen kannst. Es fühlt sich von dir allein gelassen.

Es kann dir gar nicht vertrauensvoll folgen, weil du gar nicht wirklich ‚anwesend' bist. Dein Körper setzt zwar die notwendigen Handlungen, um gewünschte Ergebnisse zu erreichen, aber dein Geist ist mit ganz anderen Dingen beschäftigt. Kurz und gut: du bist inkongruent, weil deine inneren Überzeugungen nicht mit deinen äußeren Handlungen übereinstimmen. Deshalb bist du für dein Pferd keine vertrauenswürdige Person.

Vertrauenswürdig sein

Paula hatte mich beauftragt, ihr mit ihrem jungen Pferd beizustehen. Der fünfjährige Wallach wurde von Paula als angerittenes Pferd gekauft, wurde bereits einspännig gefahren und machte dabei anständig mit. Nun sollte er wieder an das Reitergewicht gewöhnt werden, um seine Besitzerin sicher auf

Ausritten zu tragen. Bei unserer ersten Begegnung im Stall erfuhr ich bereits die wesentlichen Eckpunkte der Mensch-Pferd-Beziehung.

Der Reitplatz befand sich fünf Gehminuten vom Stall entfernt. Paula führte ihr Pferd und schilderte mir weiterhin die gemeinsamen Schwierigkeiten und wie sie bisher damit umgegangen war. Dabei ließ sie den Wallach eine Schrittlänge entfernt hinter sich herlaufen. Ihr Pferd blieb alle paar Meter stehen und richtete seine Aufmerksamkeit auf die fahrenden Autos der weiter entfernt vorbeiführenden Bundesstraße. Durch die abgeernteten Maisfelder hatte er neuerdings freie Sicht bis dorthin. Paula trieb ihr Pferd einfach weiter, ohne seine ‚Fragen' zu beachten. Sie sah ja auch gar nicht, was den Wallach tatsächlich beschäftigte. Er musste hinter ihr hergehen und sie war mit ihren eigenen Gedankengängen beschäftigt. Ich ließ einige Minuten vergehen und beobachtete die beiden. Schließlich ging gar nichts mehr vorwärts. Paula drückte ihren schon länger schwelenden Frust sehr milde aus:

„Ich weiß nicht, was er hat, sonst geht er da immer brav und ohne stehenzubleiben mit."

Sie schämte sich dafür, dass ihr Pferd sie so vorgeführt hatte. Sie wollte aber unter keinen Umständen, dass ich das bemerke und mühte sich weiter erfolglos ab. Paula war so damit beschäftigt, vor mir und meinem ‚kritischen' Auge gut dazustehen, dass sie dabei die Bedürfnisse ihres Pferdes nicht mehr wahrnehmen konnte. Ich bat sie, sich einmal mit den Augen ihres Pferdes umzusehen, um herauszufinden, was ihn denn so beunruhigt. Ich persönlich fand es ja sehr hilfreich, dass dieses Pferd lieber stehenblieb, als in Panik davonzulaufen.

Paula sah sich um und befand fürs erste, dass alles so wie immer sei. Ich machte sie auf die Blickrichtung ihres Pferdes aufmerksam und erst da erkannte sie den Zusammenhang. Die Welt war für ihr Pferd um ein gutes Stück größer geworden und es war niemand da, der sie ihm erklärte. Durch die abgeernteten Maisfelder sah er nun die sich ständig bewegenden Autos. Er versuchte einzuschätzen, ob diese ihm gefährlich werden konnten oder nicht. Seine diesbezüglichen ‚Fragen' an Paula blieben unbeantwortet. Ich empfahl Paula ihr Pferd so neben sich zu führen, dass sie seinen Kopf und seine Ohren jederzeit aus dem Augenwinkel sehen und sofort auf seine ‚Fragen' reagieren konnte. Weiters zeigte ich Paula verschiedene Möglichkeiten, die Aufmerksamkeit ihres Pferdes wieder auf sich zu lenken. Damit konnte sie ihm vermitteln:

„Ich habe das auch gesehen. Es ist ungefährlich. Du kannst dich auf mich verlassen." Nach jeder ‚Antwort' seiner Besitzerin ließ der Wallach nun den Kopf sinken und setzte sich auf Stimmkommando in Bewegung. Die zeitlichen Abstände zwischen den ‚Fragen' wurden immer größer und hörten schließlich ganz auf. Er fühlte sich ernst genommen und sicher aufgehoben, weil seine Besitzerin im Hier und Jetzt angekommen war.

3.4 Zwicken, beißen, drohen

Wir projizieren unsere Ängste, unsere Bedürftigkeit und das, was wir glauben nicht nur auf die Menschen in unserer Umgebung, sondern auch auf die Pferde. Dadurch formen wir ein Bild von unserem Gegenüber. Ein Bild, das uns daran hindert, die Essenz und die Botschaft dieses Lebewesens wahrzunehmen.

Pferde sind wahre Weltmeister darin, Grenzen zu kommunizieren sowie Absichten zu erkennen und danach zu handeln. Sie üben das schließlich vierundzwanzig Stunden am Tag. Feinste Körpersignale reichen aus, um sich darüber zu verständigen. Pferde kämpfen erst dann miteinander oder gegen den Menschen, wenn vorher ihre Grenzen aufs gröbste missachtet wurden. Pferde reagieren sensibel auf Druck, Übergriffigkeit, Aggression. In der Begegnung mit ihnen entsteht Bewusstsein über den Umgang mit den eigenen Grenzen und über den Umgang mit dem Raumbedürfnis anderer Lebewesen. Wir Menschen haben in den allermeisten Fällen einen riesigen Nachholbedarf im Erkennen und Kommunizieren von Grenzen. Dafür sind wir wahre Meister im Verstecken unserer Absichten und wahren Gefühle. Darum klappt das auch so selten mit der Harmonie zwischen unserem Pferd und uns. Und ich wage zu behaupten, darum klappt es auch so schlecht mit unseren zwischenmenschlichen Beziehungen. Auch wenn unsere Absichten unserer Meinung nach in Bezug auf unser Pferd die besten sind, kann es sein, dass unser Pferd die wahren Absichten dahinter erkennt und sich dagegen wehrt:

„Du musst mich lieben, weil ich dich liebe."

„Du musst alles für mich tun, weil ich so große Opfer für dich auf mich nehme."

„Du musst erfolgreich sein, damit ich mich erfolgreich fühlen kann."

Nichts davon ist wahr, das Pferd muss nicht. Doch sehr oft entscheidet es sich freiwillig dafür, weil es dich zu einer Erkenntnis über dich selbst führen möchte. Weil es immer wieder, Tag für Tag, in Verbindung mit dir treten und weil es dein Herz und deine Seele berühren möchte. Sehr oft stellt sich dein Pferd auch als Hindernis zur Verfügung, damit du erkennst, dass auch noch andere Wege möglich sind!

Prüfe deine Absicht

Der Schecke war von Anfang an mein Sorgenkind. Die Geburt verlief zwar komplikationslos und seine Mutter Birting war eine erfahrene Zuchtstute. Jedoch war das Fohlen relativ klein bei der Geburt. In den ersten Tagen nach der Geburt sind die Stuten immer sehr darauf bedacht, ihren Fohlen nicht von der Seite zu weichen. Die Kleinen kennen noch nicht den Geruch der Mutter, sind noch nicht auf sie geprägt und deshalb sind die Stuten sehr wachsam. Birting war zwar immer schon auf ihren eigenen Vorteil bedacht, aber diesmal machte mich ihr Verhalten fassungslos. Kaum durfte sie mit dem Zwerg auf die Weide, hatte sie nur noch das Gras im Sinn. Sie rannte davon und ließ ihren Kleinen einfach zurück. Ich musste ihr das Fohlen richtiggehend nachtragen. Sie ließ ihn nicht richtig an ihr Euter ran, trat nach ihm, war ungeduldig und entzog sich. Der Schecke bekam einfach nicht genug Milch, um zu wachsen. Damals wusste ich es noch nicht, aber Birting war schon krank und das Fohlen war ihr bereits eine Last. Als er drei Wochen alt war diagnostizierte die Tierärztin bei Birting eine Luftsackvereiterung. Nach einigen Tagen der Behandlung ohne Besserung empfahl sie mir, die Stute in die Tierklinik zu fahren, da ihr die notwendigen Geräte für weitere Untersuchungen fehlten. Nun hatte ich eine schlaflose Nacht vor mir.

Was sollte ich nur mit dem Fohlen machen? Ich konnte ihn schließlich nicht in die Klinik mitnehmen, der arme Kerl war schon ziemlich schwach auf den Beinen. Ich grübelte und grübelte. Schließlich entschied ich mich, es mit meiner Stute Sara zu versuchen. Sara hatte zwar auch ein eigenes Fohlen bei Fuß, aber sie erschien mir unter all den möglichen Ammenstuten als die am Besten geeignete. Sara, die loyale Sara, bot ihm ihr Euter an und kümmerte sich um ihn genauso gut, wie um ihr leibliches Fohlen. Mit Birting fuhr ich noch am selben Tag in die Klinik. Dort erlitt sie einen Zusammenbruch und verstarb.

Mit Sara als Ammenstute war zwar ein großes Problem gelöst, aber das nächste wartete schon. Aufgrund der mangelnden Versorgung in den ersten Lebenswochen hatte der kleine Schecke einen Nabelbruch. Die Tierärztin verordnete Vitaminpräparate und täglich wechselnde Druckbandagen. Bei einem Hengstfohlen ist das nicht so einfach. Aufgrund der männlichen Anatomie waren die Bandagen manchmal öfters am Tag voller Urin und ich kam mit dem ‚Windelwechseln' kaum nach. Nach einem halben Jahr war der Bruch verheilt und ich hatte ihm eine Operation erspart.

Die nächsten Jahre verliefen problemlos, das Waisenkind wuchs in der Junghengstherde auf. Er überstand die Kastration problemlos und mauserte sich zu einem hübschen, harmonisch gebauten Pferd. Doch die Mangelernährung in seinem ersten Lebensmonat forderten ihren Tribut. Mit einem Stockmaß von 126 cm war er für einen Isländer recht klein. Das bescherte ihm eine längere Galgenfrist bei den Jungpferden und erst im Alter von 8

Jahren begann ich mit seiner Ausbildung. Doch nun fingen unsere Probleme miteinander an.

Ich begann mit den Übungen des Natural Horsemanship und konnte diese auch bald jederzeit abrufen, doch nichts schien ihm Freude zu machen. Wenn ich ihm zu nahe kam, zwickte er mich. Er ließ sich beim Führen schwer bremsen und legte die Ohren an, wenn ich etwas von ihm wollte. An der Longe rannte er wie von der Tarantel gestochen. Ich verstand dieses Pferd immer weniger und war in der Arbeit mit ihm ständig frustriert. Ich dachte mir, dass ich ihm doch nun wirklich genug Zeit gelassen hatte und dass er nun auch seinen Beitrag zu seinem Lebensunterhalt leisten könnte. Auch ein kleines Pferd hat im Schulbetrieb Platz und kann Aufgaben übernehmen. Dachte ich. Mein Pferd dachte anders darüber.

Für den Beritt suchte ich ihm eine kleine, leichte Person. Doch auch da waren die Erfolge wechselhaft. Mal ging es in der Ausbildung gut voran, dann wieder schien er alles vergessen zu haben. Es war keine Konstanz in seiner Leistung und die Aussichten, dass er jemals ein verlässliches Schulpferd werden würde, sanken immer mehr. Mein Frust wurde immer stärker! Ich hielt ihm vor, was ich denn nun schon alles für ihn getan hätte und dass ich eine adäquate Gegenleistung von ihm erwartete. Ich würde ihn schließlich nicht umsonst durchfüttern! Es dauerte noch lange, bis ich bemerkte, dass genau diese meine Erwartungshaltung sehr viel Druck auf mein Pferd erzeugte. Druck, den er nicht aushalten konnte.

Es war keine Freude in unserer Arbeit, er sollte bloß funktionieren und mir keine weiteren Sorgen machen. Aber so ging das nicht. Ich seufzte und erkannte, dass ich auf diese Art und Weise nicht erfolgreich sein würde.

Ich bat meine Freundin Birgit, die gerade die Ausbildung zur Tierkommunikatorin machte, sich doch mit dem Schecken zu ‚unterhalten'. Ich wollte herausfinden, was ihm denn Spaß macht und was er mir mit seinem Verhalten sagen wollte. Ich hatte ihr nichts von seiner Lebensgeschichte erzählt. Ich gab ihr nur zwei Fotos von ihm mit und vereinbarte, dass sie mir das Ergebnis nach ihrem Oster-Urlaub mitteilen würde. Gleichzeitig bot ich meinem Pferd einen Vergleich an und sagte zu ihm:

„Du versprichst mir, dass du dir widerstandslos all das beibringen lässt, was ein Reitpferd können muss. Ich verspreche dir, dir einen passenden Menschen zu suchen, der es gut mit dir meint. Ich erkenne an, dass ich nicht der richtige Mensch für dich bin. Ich gebe dich frei."

Er sah mich an und kaute ab, der Deal war bestätigt. Von nun an änderte sich unser Verhältnis. Er wusste, er musste nichts mehr für mich leisten. Gerade deswegen besann er sich auf alles, was er schon gelernt hatte. Ich staunte über seinen Eifer und seine nunmehr freundliche Mitarbeit. Sein Verhalten hatte sich grundlegend geändert.

Im Frühjahr seines zehnten Lebensjahres, am Karsamstag, hatte ich einen längeren Ausritt geplant. Eine meiner Einstellerinnen hatte zwei Freundinnen dazu eingeladen. Wir genossen diesen schönen Vormittag mit den Pferden und anschließend erklärten sich die jungen Frauen bereit, das Ausmisten des Stalles zu übernehmen. Kaum war ich daheim, erhielt ich eine Sms von meiner Einstellerin, ob denn der Schecke nun ein Verkaufspferd sei.

„Ja", schrieb ich ihr zurück, „warum?"

„Weil sich meine Freundin für ihn interessiert."

„Ernsthaft?" wollte ich der Sache auf den Grund gehen.

Ja", kam die prompte Antwort.

„Na dann...", dachte ich und machte mich auf den Weg in den Stall. Die drei jungen Damen hatten kaum mit dem Ausmisten begonnen, als der Schecke zielgerichtet auf Lena zuging. Er folgte ihr überallhin und ließ sie nicht mehr aus den Augen. Offenbar rannte er bei ihr offene Türen ein, denn sie fand ihn auch einfach unwiderstehlich! Es war Liebe auf den ersten Blick!

Ich bot Lena einen Proberitt an, da würde sich sicher zeigen, ob diese Liebe belastbar wäre. Ich sah den beiden im Viereck zu. Ich sah, wie sich der Schecke auf Lena einlassen konnte, wie sie Freude aneinander und der gemeinsamen Arbeit hatten. Sie nahmen die jeweiligen Defizite des anderen nicht tragisch. Es war ein fröhlicher Tanz, ein lustvolles Miteinander. Ich erkannte mit Tränen in den Augen, dass sich hier tatsächlich zwei gefunden hatten. Wir vereinbarten einen zweiten Termin für Probereiten, Bodenarbeit und ins Gelände gehen, damit Lena wirklich einen umfassenden Eindruck gewinnen konnte. Wir verabredeten uns eine Woche nach Ostern.

Am vereinbarten Tag tauchte auch Birgit nach ihrem Urlaub wieder am Stall auf und wir setzten uns etwas abseits. Ich hatte ihr noch nichts von Lena erzählt, die zur gleichen Zeit mit dem Pferd und ihren Freundinnen am Reitplatz ihren Spaß hatte. Birgit berichtete mir von ihrem Zwiegespräch mit dem kleinen Schecken. Die gekürzte Fassung lautete so:

Birgit: „Was würdest Du gerne lernen?"

Mein Pferd: „Vor einer Kutsche zu laufen."

Birgit: „Welche Wünsche hast Du?"

Mein Pferd: „Sie kommt!!! Ich sehe eine blonde, zierliche junge Frau mit längeren glatten Haaren. Sie ist meine neue Aufgabe, ich freue mich darauf. Ich gehe mit ihr. Sie strahlt Beständigkeit aus."

An dieser Stelle war es endgültig vorbei mit meiner Selbstbeherrschung. Ich war total berührt, gleichzeitig musste ich lachen! Birgit schaute mich fragend an und noch immer lachend sagte ich zu ihr:

„Sie kommt nicht! Sie ist schon da!"

„Wie? Wer ist schon da?"

„Na die, von der mein Pferd dir erzählt hat!", lachte ich noch immer, „du findest sie am Reitplatz." Kopfschüttelnd machte sich Birgit auf den Weg und kam nach ein paar Minuten total baff wieder.

„Da ist tatsächlich eine dabei, die ich im Gespräch mit deinem Pferd ‚gesehen' habe" sagte sie kopfschüttelnd.

Der Kaufvertrag besiegelte das gegenseitige Vertrauen und der Schecke übersiedelte in seine neue Heimat. Ein paar Monate später erreichte mich eine Nachricht bzw. ein Foto via Facebook. Es zeigte ihn mit gespitzten Ohren vor einem Gig und eine fröhliche Lena mit wehenden Haaren, die ganz entspannt die Leinen in der Hand hielt!

Für sein Lebensglück war es notwendig, dass ich die Verbindung, die in all den gemeinsamen Jahren so stark geworden war, löste. Ich musste mich von meinem Ehrgeiz, von meiner vorgefassten Meinung über ihn und seine Lebensaufgabe trennen. Ich erkannte an, dass ich trotz aller Bemühungen nicht der richtige Mensch für ihn war. Erst dieses Opfer hat es ermöglicht, dass sich für dieses Pferd alles zum Guten gewendet hat.

3.5 Schreckhaftigkeit

Tapferkeit und Heldenmut werden uns schon über Jahrhunderte hinweg als vorbildhafte und erstrebenswerte Eigenschaften gelobt. Angst hingegen sei nur dazu da, um überwunden zu werden. Schon als Kinder beschimpfen wir uns als ‚Angsthase' oder ‚Weichei' und fordern uns mit Mutproben heraus. Wir übersehen dabei aber, dass die Angst sehr wohl Informationen für uns bereithält. Aber indem wir sie bekämpfen, weil wir sie nicht haben wollen, sind diese wertvollen Informationen für uns nicht greifbar. Wir versuchen dieses Gefühl zu kontrollieren, anstatt damit in Kontakt zu treten. Das Pferd folgt seinem Instinkt, wenn es sich vor (vermeintlichen) Beutegreifern fürchtet oder wenn es eine Situation nicht einordnen kann und sie ihm dadurch Angst macht. Wenn wir darauf mit Kontrolle oder Verständnislosigkeit reagieren, verspielen wir das Vertrauen unseres Pferdes. Wir können aber auch wahrnehmen, was unser Pferd ängstigt und mit Verständnis darauf reagieren. Wir können es fragen, wie viel Mut es denn hat, sich dem ‚Ungeheuer' zu stellen oder um weiterzugehen. Wenn wir also seine emotionalen Grenzen achten, dann verändert sich die Einstellung des Pferdes zu seiner Angst und es entsteht Vertrauen zu uns.

Folge deinem Instinkt und sieh der Angst ins Auge

„Einbildung ist auch eine Bildung!" So lautete in meiner Jugendzeit ein oft verwendeter Spruch. Der Satz ist natürlich ironisch gemeint. Er war solchen Menschen vorbehalten, die sich gerne etwas auf ihr Aussehen, ihr Können, ihre vermeintlichen Talente oder ihre guten Noten einbildeten. Er war ein derber Hinweis darauf, sich selbst nicht als das Maß aller Dinge zu sehen. Auch ich war und bin ab und zu nicht vor dieser Einbildung gefeit. Sie hindert mich daran, meinem Instinkt zu folgen und die Mithilfe der Kräfte des Universums anzuerkennen.

Ich war mit Fina, einer jungen Stute, auf einem Ausritt unterwegs. Fina´s älteren Bruder Bliki hatte ich mit seiner Reiterin als Begleitung ausgewählt, weil er über eine stoische Gelassenheit verfügt. Ihn kann im Gelände fast nichts erschrecken. Trotzdem kokettierte ich mit dem Gedanken, dass es schon mein Verdienst war, dass die junge Stute sich so gut machte. Nun ja, Hochmut kommt bekanntlich vor dem Fall.

Wir hatten schon mehr als die Hälfte der Strecke hinter uns. Der Weg am Fluss Alz entlang machte unsere Pferde und uns zufrieden. Entspannt trödelten wir dahin und genossen die Sonne und die belebende Energie des Wassers. Von weitem sah ich eine Frau, die uns mit einem Hund an der Leine entgegenkam. Ich dachte mir nichts dabei, schließlich waren meine Pferde Hunde von klein auf gewohnt.

Doch plötzlich bemerkte ich, dass mein Zügel auf einmal viel zu lang war. Fina wurde nämlich sehr schnell immer kürzer unter mir. Sie stemmte alle vier Hufe in den Boden und starrte mit höchst gespannter Aufmerksamkeit nach vorne. Das tat ich auch, während ich so schnell es eben ging die Zügel an Fina's Halslänge anpasste. Gleichzeitig versuchte ich herauszufinden, was mein Pferdchen denn nun so in Alarmbereitschaft versetzt hatte.

Da sah ich, dass die Frau sich mit ihrem Hund an den Wegesrand gestellt hatte. Sie wollte uns wohl beim Vorbeireiten nicht im Weg sein. Ihr Hund wurde dadurch aber halb verdeckt durch ihren Körper.

Instinktiv erkannte ich die Gefahr und rief der Frau mehrmals zu, dass sie doch bitte ganz normal mit ihrem Hund weitergehen solle. Leider hatte es den Effekt, dass sie sich und ihren Hund noch weiter in den Jungwald drückte.

In Sekundenbruchteilen erlebte ich ein Wechselbad der Gefühle. Ärger über das Verhalten der Frau aber auch Verständnis, weil sie sich wahrscheinlich genauso vor unseren Pferden fürchtete, wie unsere Pferde sich vor ihr und ihrem Hund. Schließlich Angst, dass dieses isländische Pulverfass unter mir explodieren könnte. Mittlerweile hatte ich nämlich alle Hände voll damit zu tun, Fina's offensichtliche Panik zu kontrollieren.

Wie der Blitz drehte sich Fina um und sauste in die Richtung, aus der wir gerade noch so entspannt gekommen waren. Irgendwie hatte ich damit gerechnet und konnte sie nach ein paar Metern auch bremsen.

Ich sprang sofort von ihrem Rücken. Von einem Isländer ist es ja nicht so weit bis zum Boden. Von hier aus war es wesentlich leichter sie zu überzeugen, bei mir zu bleiben. Das war allerdings nicht wirklich mein Verdienst, denn Bliki stand noch immer an seinem Platz. Die Verwunderung über die überschießende Reaktion seiner Schwester war ihm deutlich anzusehen. Ihm waren Frau und Hund egal.

Mit Bliki an ihrer Seite konnte Fina endlich ihren ganzen Mut zusammennehmen und weitergehen. Mit scheelem Blick und sehr flott auf den letzten Metern brachte sie die Gefahr hinter sich. Danach beruhigte sie sich schnell wieder und ich konnte sogar aufsitzen, um heim zu reiten.

Für Fina war der Hund im Gebüsch der böse Wolf, der sich versteckte und auf Beute lauerte. Um nicht gefressen zu werden, suchte sie instinktiv ihr Heil in der Flucht.

Auch ich hatte zwar instinktiv die Gefahr erkannt, bildete mir aber ein, die Situation kontrollieren zu können. Erst mein Eingeständnis, dass die Situation mir auch Angst machte und mir über den Kopf wuchs, ließ mich das Richtige tun. Nämlich abzusteigen und dadurch für uns beide Sicherheit zu gewinnen.

Das Richtige im richtigen Moment tun

Immer wieder erleben wir Situationen, in denen wir zwar selbst keine Angst haben, jedoch mit den Ängsten unserer Mitmenschen konfrontiert sind. Meistens neigen wir dann dazu, diese Ängste nicht gebührend ernst zu nehmen. Wir verleiten diese Menschen dadurch zu unüberlegten Handlungen. Schließlich wollen sie von uns nicht als ‚Angsthase' abgestempelt werden.

Viele Reitunfälle könnten von vornherein vermieden werden, wenn Bedenken und Ängste als Informationen wahrgenommen und nach Lösungen gesucht werden. Einerseits ist es notwendig, dass wir unsere Wünsche hintanstellen und auf das schwächste Mitglied in einer Reitergruppe Rücksicht nehmen. Das kann sowohl ein unerfahrenes oder ängstliches Pferd oder ein ebensolcher Mensch sein. Andererseits ist es aber auch notwendig, sich entsprechend zu äußern, wenn man sich fürchtet. Sich nicht darauf zu verlassen, dass es schon irgendwie gehen wird, sondern klar zu sagen, wenn es einem nicht gut geht.

Tina begleitete mich auf einem Ausritt. Sie saß auf Dagfari, meinem sehr verlässlichen Geländepferd. Gegen Ende des Ausritts führte uns der Weg an einer schmalen Landstraße entlang. Es war die Zeit der Maisernte und wir hatten schon einige Traktoren mit Anhängern aus der Ferne auf den Feldern beobachtet. Tina teilte mir ihre Befürchtungen mit:

„Was macht Dagfari, wenn uns so ein riesiges Gespann begegnet?"

„Nix", sagte ich voller Überzeugung, denn ich kannte ja mein Pferd. Eine Zeitlang war es still hinter mir. Ich drehte mich zu ihr um und sah, dass sie keineswegs beruhigt war. Gleichzeitig bemerkte ich, dass sich uns ein Traktor von hinten näherte. Tina's Miene zeigte daraufhin noch mehr Beunruhigung.

Schnelles Handeln war nun gefragt, damit die Situation nicht eskalierte. Ich lenkte mein Pferd in den bereits abgeernteten Maisacker und bedeutete Tina, dies ebenfalls zu tun. Wir brachten so einigen Abstand zwischen uns und der Straße. Nun wandten wir die Köpfe unserer Pferde dem tatsächlich nur sehr kleinem Traktor zu. Tina konnte sehen, dass unsere Pferde keine Anzeichen von Angst erkennen ließen. Als der Traktor vorbei war, konnten wir in aller Ruhe unseren Ausritt beenden.

„So schlimm war's gar nicht, wie ich zuerst gedacht habe", seufzte Tina danach erleichtert und ihr Pferd schnaubte ab.

Indem ich Tina's Angst anerkannte und sie an der Grenze des für sie Erträglichen die Szene betrachten ließ, verhinderte ich eine mögliche Übertragung ihrer Ängste auf ihr Pferd.

3.6 Dein Pferd läuft vor dir weg

Ganz ehrlich, mit welcher Absicht gehst du zu deinem Pferd in die Box, in den Paddock oder auf die Weide? Wo bist du in dem Moment mit deinen Gedanken? In welcher Stimmung bist du? Hattest du Ärger zu Hause oder mit deinem Chef und beschäftigt dich dieses Erlebnis noch? Kannst du die Stimmung wahrnehmen, in der dein Pferd gerade ist? Lädst du es auf eine entspannte Zeit mit dir ein oder holst du es ‚um mit ihm zu arbeiten?'

Ich beobachte schon seit längerem, dass die einfachen Worte ‚Bitte' und ‚Danke' im zwischenmenschlichen Umgang sehr selten geworden sind. Dabei ist es egal, ob ich etwas von meinem Gegenüber erwarte oder umgekehrt. Bei der Verwendung dieser beiden kurzen Wörter geht es mir nicht ausschließlich um die Erziehung zur Höflichkeit, sondern vielmehr um den damit verbundenen Ausdruck der Wertschätzung. Diese Wertschätzung verändert die Beziehungen, die wir pflegen, egal ob mit Menschen oder Tieren.

Natürlich müssen meine Pferde in der Reitschule ‚arbeiten', um Geld zu verdienen. Aber wenn meine Einstellung zur Arbeit so ist, dass ich das Gefühl habe, ich ‚muss' arbeiten, obwohl es mir keinen Spaß macht, dann laufen meine Pferde vor mir weg. Wenn ich jedoch offen auf sie zugehe und in Gedanken oder auch tatsächlich zu ihnen sage: „da ist jemand, der etwas von dir lernen möchte, kommst du bitte mit?", dann wenden sie sich sogar vom Futter ab und stecken freiwillig ihre Nase in das Halfter.

Wenn ich mein Pferd nur dann schätze, wenn es meine Bedürfnisse erfüllt oder wenn es meinem Ego dient, dann benutze ich es und es wird immer wieder versuchen, sich mir zu entziehen. Wenn ich meinem Pferd jedoch auf gleicher Augenhöhe begegne, dann beachte ich auch seine Befindlichkeit, ob es mir gerade gefällt oder nicht. Mein Pferd darf dann auch Vorschläge machen, damit aus einem einseitigen Bestimmen ein beiderseitiger Austausch wird.

Bitte verstehe mich nicht falsch, ich propagiere hier keine ‚laissez-faire'-Haltung, wo das Pferd mit mir tun darf, was es möchte. Ich spreche von gegenseitiger Aufmerksamkeit und achtsamen Umgang miteinander, so wie es zwei Freunde auch miteinander halten würden.

Wenn wir in Verbindung mit unserem Pferd sind, dann ‚hören' wir auch, wie das Pferd zu uns spricht und wir finden die passenden Antworten.

3.7 Die natürliche Schiefe des Menschen

Schulpferde werden leider sehr selten mit ihren Bedürfnissen gesehen. Sie sollen tadellos funktionieren, damit die Reitschüler zufrieden sind. Aber ihre eigene Unzufriedenheit sollen sie doch bitteschön für sich behalten. Sie sollen nicht bocken, nicht buckeln und sich nicht widersetzen. Dabei sind all diese Verhaltensweisen Informationen für uns Menschen. Wenn mein Pferd nicht abbiegen will und mit schiefem Kopf geradeaus weiter läuft, dann könnten seine Botschaften lauten:

„Dieser Mensch sitzt so schief auf mir, dass es mir nicht möglich ist, die verlangte Richtungsänderung auch durchzuführen."

„Dieser Mensch hat leider keine Ahnung von den Hilfen, die ich brauche, um diese Aufgabe richtig durchzuführen."

„Dieser Mensch ist mit seinen Gedanken nicht bei mir und bei der Sache, er ist leider nicht vertrauenswürdig. Ich treffe jetzt meine eigenen Entscheidungen."

„Dieser Mensch zweifelt am Gelingen der Aufgabe oder hat Angst, zu versagen, tut aber so, als wäre das alles kein Problem. Ich kann ihm nicht vertrauen. Schnell weg!"

Jeder Reiter spricht von der natürlichen Schiefe des Pferdes und hat mehr oder weniger Ahnung davon, wie er dieser Schiefe entgegenwirken kann. Jeder Reiter hat genauso eine natürliche Schiefe. Die wenigsten sind sich aber dessen bewusst bzw. wissen nicht, wie sie diese ausgleichen können.

Über die Möglichkeiten, sein Pferd vom Boden aus oder unter dem Sattel entsprechend zu gymnastizieren, gibt es schon genug Literatur. Vielmehr möchte ich dich einladen, dich deines eigenen Körpers bewusst zu werden. Ich möchte dich einladen, dich zu spüren, wenn du schief bist und das Pferd deshalb gar nicht in der Lage ist, deinen Wünschen zu entsprechen.

Standpunkt

Manuel kam zur Reitstunde. Er wirkte irgendwie bedrückt und niedergeschlagen. Ich fragte ihn, was denn sein Wunsch für heute sei. Etwas zögerlich kam seine Antwort:

„Ich möchte einfach nur eine normale Reitstunde haben."

Offensichtlich war er nicht bereit, über das zu sprechen, was ihn bewegte. Ich bemerkte, dass er sich schon beim Aufsteigen ziemlich steif hielt. In weiterer Folge zeigte sich, dass er sich auch nicht richtig auf die Bewegungen des Pferdes einlassen konnte. Der Sattel verschob sich immer wieder nach rechts, weil Manuel unbewusst sein Körpergewicht dorthin verschob. Von Anfang an fiel es ihm schwer, dem Pferd die gewünschten Richtungswechsel zu vermitteln.

Auch das Pferd machte sich unter ihm steif, ging nicht recht vorwärts und wehrte sich gegen den Zügel. Alles wirkte ziemlich verkrampft. Beim Antraben auf der rechten Hand kam Manuel schnell außer Atem und klagte über einen Krampf im linken unteren Rückenbereich, der auch in seine linke Hüfte ausstrahlte. Ich ging zu ihm hin.

„Was bedrückt Dich denn heute?"

„Ich habe das Gefühl, daheim geht nichts weiter. Ich trete mit all meinen Vorhaben auf der Stelle, ich bin ziemlich frustriert!" Ich sah ihm an, dass er heute nicht ins Detail gehen wollte und sagte:

„Manchmal hat man das Gefühl, man rennt gegen eine Wand und nichts bewegt sich. Aber du hast jederzeit die Möglichkeit, von dieser Wand wegzugehen. Mach bitte einen Handwechsel und reite in die andere Richtung, auf die linke Hand." Er tat es. Ich fuhr fort:

„Manchmal nimmt man einen bestimmten Standpunkt im Leben ein, aber auch da gibt es Möglichkeiten, sich neu auszubalancieren." Ich zeigte ihm, wie er sein Gewicht im Sattel leicht verlagern und so abwechselnd im rechten oder linken Steigbügel mehr Druck verspüren konnte. Er wechselte im Schritt durch diese Gewichtsverlagerung mehrmals die Hand/die Reitrichtung, ohne die Zügel dazu zu benutzen.

Dann empfahl ich ihm, beim Antraben auf der rechten Hand das Gewicht am rechten Steigbügel auf 55% des Gesamtgewichts zu halten und seine Aufmerksamkeit stetig dort zu halten. Das war nun leicht für ihn. Ich ließ in wieder auf die linke Hand wechseln und diesmal sollte er seinen Schwerpunkt so verlagern, dass die Belastung im linken Steigbügel bei gefühlten 75% lag. Da sich der Sattel immer nach rechts verschob, musste ich seine Aufmerksamkeit und Körperwahrnehmung vermehrt auf seine linke Seite lenken. Langsam löste sich seine Starre und das Pferd trabte zufrieden vorwärts. Ich fasste zusammen:

„Manchmal ist es hilfreich, seinen Schwerpunkt zu verlagern, eine Nuance vom bisherigen Standpunkt abzuweichen. Auch mal in eine völlig andere Richtung zu blicken oder sich zu bewegen. Möglicherweise kommt man dann drauf, dass die Wand, gegen die man gerannt ist, aus der Entfernung bei weitem nicht die Dimensionen hat, wie man dachte."

Manuel's Gesichtsausdruck hatte sich nun verändert, er wirkte zufriedener und sein Pferd schnaubte ab.

4 Der Weg ist das Ziel

Ein Traum, eine Sehnsucht, eine Vision braucht zu seiner Verwirklichung immer konkrete Ziele. Ein Architekt, der sein Traumhaus verwirklicht sehen möchte, braucht einen Baumeister, der dafür sorgt, dass es auch gebaut wird. Der Baumeister trifft viele Entscheidungen. Er wird nicht auf Sand bauen, er bedenkt die notwendige Mauerstärke und Zimmerhöhe, er setzt Fenster und Türen ein und das Dach wird tragfähig und schützend sein.

Wenn du als Reiter echte Verbindung zu deinem Pferd spüren möchtest, wenn du von einer vertrauensvollen Beziehung mit deinem Pferd träumst, dann brauchst du auch konkrete Ziele, mit denen dir das gelingt. Dein Reitunterricht besteht aus „Kopf hoch, Brust raus, Fersen tief!"? Deine Reiterfreunde erklären dir, wie dein Pferd besser funktionieren würde? Du bist unglücklich mit deiner Lebenssituation oder mit der Beziehung zu deinem Pferd? Es gibt immer noch andere Möglichkeiten.

Wenn du in deinen zwischenmenschlichen Beziehungen eine echte Verbindung spüren möchtest, wenn du von Vertrauen und Hingabe träumst, dann brauchst du auch hier konkrete Ziele, mit denen dir das gelingt. Du kannst dir einen anderen Reitlehrer suchen, du bist frei in der Wahl deiner Freunde und du selbst bist deines Glückes Schmied. Lerne zu unterscheiden, was dir und deinem Pferd gut tut und was nicht. Höre auf dein Bauchgefühl und nicht auf das, was andere Menschen dir einreden wollen.

Körperwahrnehmung

Sabrina besuchte mich nach über zwanzig Jahren. Es war Februar und das Wetter kalt und regnerisch. Ich war gesundheitlich etwas angeschlagen. Für einen gemeinsamen Ausritt fühlte ich mich zu schwach und für Reitunterricht war ich zu heiser. Ich konnte mehr oder weniger nur flüstern. Wir standen im Auslauf zwischen den Pferden und unterhielten uns und Sabrina sagte:

„Eigentlich bin ich ganz froh, dass das mit dem Reiten nix wird. Mit fremden Pferden weiß ich eh nicht, woran ich bin. Da fühl' ich mich immer ganz schnell verunsichert. Richtig wohl fühle ich mich nur auf meinem alten Wallach. Meine junge Stute hingegen ist oft unleidig. Seit sie mich mal getreten hat, traue ich ihr nicht mehr so richtig über den Weg." Ich fragte sie noch ein wenig über das Ereignis und über ihr allgemeines Zusammenleben mit diesem Pferd aus. Dann war ich mir sicher, dass es zwischen den beiden um das Thema Grenzen ging. Ich betrachtete meine Pferde und überlegte, welches von ihnen wohl am besten geeignet wäre, um Sabrina das nötige Bewusstsein zu vermitteln. Ich entschied mich für Messa. Nun händigte ich Sabrina das Halfter aus und bat sie, Messa in das abgezäunte Viereck zu holen.

Messa ist ein sehr feinfühliges Pferd. Sie weiß ihre eigenen Grenzen zu wahren und auch zu verteidigen. Sie lässt sich am Kopf nur an der Nase berühren, außer, wenn sie angebunden ist. Außerdem ist sie mit feinsten Fingerzeigen in jede gewünschte Richtung zu dirigieren. Sie ist ein sehr höfliches Pferd und erwartet das auch von den Menschen. Wenn man sie unter Druck setzt, rennt sie weg. Hat sie diese Möglichkeit nicht, kann sie ihren Ärger darüber durchaus auch anders, etwa mit buckeln, ausdrücken.

An Sabrina's Körperhaltung sah ich, dass sie unsicher war und Messa sah es ebenso. Sie ging von Sabrina weg und ließ sich erst nach einiger Zeit aufhalftern und ins Viereck führen. Ich löste den Strick von ihrem Halfter und Messa konnte sich frei bewegen. Ich gab Sabrina folgende Aufgabe:

„Bitte bewege die Stute, ohne sie dabei zu berühren. Lass sie eine Runde im Schritt gehen, dann eine Runde traben, danach bremse sie ab, drehe sie in die andere Richtung und wiederhole das Ganze." Erstaunt blickte Sabrina mich an.

„Das ist leicht, das kann ich", sagte sie und machte sich mit Eifer an die gestellte Aufgabe. Sie ging schnell und mit ausgreifenden Schritten auf das Pferd zu. Messa rannte sogleich im hektischen Trab davon und statt Schritt und Trab zeigte sie Trab und Galopp. Den Kopf und Hals hatte sie dabei nach außen gewandt. Dies ist ein Zeichen dafür, dass sie ihre persönlichen Grenzen eindeutig überschritten empfand. Im Galopp buckelte sie sogar und trat in Sabrina's Richtung aus. Insgesamt waren das Anzeichen dafür, dass der menschliche Druck für sie viel zu hoch war.

Die gestellte Aufgabe und das Gezeigte stimmten überhaupt nicht überein. Nach einigen Runden griff ich ein und bremste beide ab. Ich fragte Sabrina nach ihren Eindrücken.

„Was hast du bei Messa und bei dir beobachtet und wie habt ihr die Aufgabe gelöst?"

„Bis aufs Buckeln lief es eigentlich ganz gut", befand sie. Nach kurzem Nachdenken gab sie aber zu, dass sie auch im Umgang mit ihrer eigenen Stute sehr schlecht einschätzen kann, wann Grenzen überschritten werden. Sie konnte den Druck, den sie dem Pferd machte, bei sich nicht wahrnehmen.

Während dieser Unterhaltung hatte sich Messa dicht zu uns gestellt. Sie leckte und kaute, ein Anzeichen dafür, dass sie den Gedanken- und Gefühlsprozess von Sabrina genau mitverfolgte. Ich machte sie darauf aufmerksam und Sabrina wandte sich dem Pferd zu. Sie hob ihre Hand und wollte sie am Kopf streicheln. Messa wandte diesen ab.

„Das ist mir zu intim", war ihre klare Botschaft. Sabrina war enttäuscht.

„Probier doch, ob Du sie an der Schulter berühren kannst", empfahl ich ihr. Das ging. Währenddessen erzählte sie mir, dass sie selbst ein hohes Bedürfnis nach engem Körperkontakt zu Pferden hat. Sie fühlt sich zurückgewiesen, wenn das Pferd das nicht duldet. Ich erinnerte sie daran, dass jedes Lebewesen das Recht hat, mitzuteilen, wenn seine Grenzen überschritten werden. Diese Grenzen sind aber mit steigender Vertrautheit durchaus verhandelbar.

Ich leitete Sabrina zu einem Body-Scan, einer bewussten Körperwahrnehmung, an. Dabei stellte sie fest, dass sich ihr Zwerchfell sehr angespannt anfühlte. Ich bat sie, ihre Aufmerksamkeit dorthin zu lenken und darauf zu achten, ob sich denn dort ein Gefühl oder eine Emotion zeigt.

„Ich war frustriert, weil Messa gleich am Anfang vor mir und dem Halfter davongegangen ist. Ich habe mich von ihr blamiert gefühlt," bekannte Sabrina. Ich lud sie ein zu fühlen, was denn ihrem Zwerchfell gut tun würde und womit sie es entspannen könnte. Währenddessen hatte sich Messa genähert. Sie stand mittlerweile vor Sabrina und schnaubte ab. Sabrina atmete ebenfalls mehrmals tief ein und aus. Ich schmunzelte, denn nun trainierte das Pferd den Menschen. Nach einiger Zeit stellte Sabrina fest, dass sich durch die tiefe Atmung die Anspannung in ihrem Zwerchfell verändert und gelöst hatte. Nun bat ich Sabrina, ihren Atem weiterhin bewusst wahrzunehmen und gleichzeitig die anfangs gestellte Aufgabe mit Messa zu wiederholen. Was ich nun sah, war ein sehr harmonisches Miteinander. Sabrina näherte sich langsam der Stute. Messa ging entspannt ruhigen Schritt oder langsamen Trab. Sabrina konnte sie mit sparsamen Handzeichen bewegen und stoppen. Messa schnaubte und kaute zufrieden ab. Kein Druck, jeder achtete die Grenzen des anderen. Sabrina standen Tränen in den Augen, sie war innerlich tief bewegt.

„Ich wusste nicht, dass so etwas mit Pferden möglich ist! Messa hat so fein reagiert und die Unterschiede in meiner Atmung wahrgenommen! Mein Fokus, meine Aufmerksamkeit war nicht mehr auf die möglichst erfolgreiche Bewältigung der Aufgabe gerichtet oder darauf, möglichst gut dazustehen, sondern nur auf die Verbindung zu meinem Körper und zum Pferd. Und daraus ist so ein schönes Miteinander entstanden! Wow!" Sie nahm Messa das Halfter ab, dankte ihr und entließ sie in die Herde.

5 Freunde und Feinde

Ein Reiter ist niemals losgelöst von seinem alltäglichen Leben. Die Probleme, die Reiter und Nichtreiter mit Pferden haben, werden nur durch die Pferde sichtbar und bewusst. Deswegen ist auch dieses Kapitel nicht nur für Reiter hilfreich, auch wenn es auf den ersten Blick so scheint.

Ich arbeite im Reitunterricht mit vielen verschiedenen Bildern. Innere Bilder haben einen ungleich größeren Einfluss auf das Gelingen oder Nichtgelingen von Übungen, als das gesprochene Wort. Selbstverständlich haben Paraden, Sitzkorrekturen, das Erklären vom Zusammenwirken der Gewichts-, Zügel- und Stimmhilfen, einfach alles, was der Ausbildung von Pferd und Reiter dient, ihre Berechtigung. Wenn der Reiter jedoch keine Vorstellung davon hat, was er machen soll, kein inneres Bild dazu abrufen kann, dann wird er nicht wirklich erfolgreich sein. Innere Bilder sind unterstützend wie Freunde oder wirken zerstörerisch wie Feinde. Innere Bilder schaffen Verbindung auf der unbewussten Ebene. Innere Bilder sind eine wunderbar hilfreiche Form, um mit den Pferden zu kommunizieren.

5.1 Natürliche Balance

5.1.1 Schiefer Sitz statt Drehsitz

Ich lade Reitanfänger generell dazu ein, die ersten Reitstunden ohne Sattel am bloßen Pferderücken, jedoch zur Sicherheit mit einem Voltigiergurt ausgestattet, zu verbringen.

Sie sollen zu einer natürlichen Balance ihres Körpers finden, ohne sich gleich auf Steigbügel verlassen zu können.

Durch meine Ausbildung in der Körperarbeit Shiatsu betrachte ich ganz bewusst den menschlichen Körper vor meinen Augen. Ich sehe einseitig hochgezogene Schultern, verdrehte oder rotierte Hüften und Bewegungseinschränkungen der Arme, der Beine und der Wirbelsäule. Das alles hat natürlich Auswirkungen auf das Pferd. Denn das Pferd geht immer unter das Gewicht des Reiters! Selbst subtile Verschiebungen, die der Reiter gar nicht bewusst wahrnimmt, bemerkt das Pferd und reagiert darauf. Ich kann einem Reiter tausendmal sagen, dass er gerade sitzen soll. Wenn er aber kein Bewusstsein über seine Körperhaltung hat, wird er diese nicht ändern. Das Bewusstsein darüber kann über Körperübungen oder über emotionale Erkenntnisse entstehen. Die Emotionen formen genauso unseren Körper, wie es Gymnastikübungen tun. Gesundheit bedeutet innere Balance!

Um dein Bewusstsein für eine wirklich gerade und ausgeglichene Körperhaltung zu schulen, eignen sich die nachfolgenden Übungen.

Spiegelbild

Du stellst dich mit geschlossenen Augen und mit möglichst wenig Bekleidung vor einen Spiegel. Nun fühlst du dich in deinen Körper ein. Erst wenn du das Gefühl hast, aufrecht und gerade zu stehen, öffnest du deine Augen, ohne vorerst etwas an deiner Haltung zu verändern.

Du betrachtest dich nun im Spiegel. Du achtest darauf, ob deine Schultern auf gleicher Höhe sind und/oder ob sich eine davon weiter vorne präsentiert. Dann betrachtest du deine Hüften auf die gleiche Art und Weise. Befinden sich deine Hüftknochen auf gleicher Höhe? Ist möglicherweise eine deiner Hüften nach vorne oder nach hinten gekippt/rotiert? Hat sich eine Hüfte nach hinten weggedreht? Möglicherweise zeigt sich dein Körper insgesamt auf einer Seite angespannter als auf der anderen Körperseite.

Schließlich achtest du nun noch darauf, ob sich dein Oberkörper insgesamt mehr nach vorne neigt, oder – wie nach einem Stoß vor die Brust – mehr zurückweicht. Du nimmst eventuell vorhandene Spannungen oder Schmerzen im Schultergürtel, in Bereich der Brust- oder der Lendenwirbelsäule wahr.

Nun kannst du dich mit Hilfe des Blicks in den Spiegel tatsächlich geraderichten und du wirst feststellen, dass sich dein Körper nun völlig ungewohnt und schief anfühlt. Durch oftmaliges Wiederholen dieser Übung bekommst du mehr und mehr ein Gefühl dafür, wann dein Körper in alte schiefe Muster zurück gleitet bzw. wann eine Veränderung stattfindet.

Gewichtsverlagerung

Jedes Pferd bemüht sich, unter das Gewicht des Reiters zu gehen, sozusagen das Gewicht auf seinem Rücken auszubalancieren. Wenn das Pferd zum Beispiel eine Kurve nach links gehen soll, jedoch der Reiter sein Gewicht unbewusst nach rechts verschiebt, wird jedes vernünftige Pferd nach rechts gehen. Meistens passiert das dann, wenn der Reiter zuerst am Zügel einseitig nach hinten zieht, bevor er sein Gewicht vermeintlich in die gewünschte Richtung verlagert. Sobald jedoch der menschliche Ellbogen am Körper entlang nach hinten gleitet, weichen der Oberkörper und das Becken automatisch in die andere Richtung aus. Folgendes Bild zeigt sich uns dann. Das Pferd folgt mit dem Kopf dem fordernden Zügel, der restliche Körper jedoch folgt dem Gewicht des Reiters. Das Pferd läuft über die äußere Schulter weg. In Wirklichkeit macht das Pferd genau das, was der Reiter ihm ‚sagt', es geht dorthin, wo das Reitergewicht ist und es hält dabei seinen Kopf schief. Wie schon im Kapitel 3.6 beschrieben liegt es an uns Reitern, die Information, die das Pferd uns gibt, wahrzunehmen und entsprechend zu handeln.

Von der reit-technischen Seite her betrachtet, liegt die Lösung des Problems in der Reihenfolge der Hilfen:

1. Hinschauen wo ich hin will: dem eindeutigen, klaren Fokus meiner Aufmerksamkeit folgt mein Körper.

2. den Kopf, die Schultern und die Hüften mitdrehen (siehe auch „das Vier-Augen-Prinzip" weiter unten), dabei darf man diese Hilfe ruhig ‚übertreiben'

3. je nach Reitweise den kurveninneren Zügel mit der Hand in Richtung Brustbein heben oder vom Pferdehals weg eine Raum öffnen und - falls noch notwendig - einen passenden Impuls mit dem Ringfinger geben. Keinesfalls den Ellbogen hinter die eigene Körperlinie ziehen (siehe oben).

Wenn diese Reihenfolge eingehalten wird, hat das Pferd schon zwei Hinweise für die gewünschte Richtung erhalten, bevor die Zügelhilfe kommt. Weiters ermöglicht das Heben der Hand bzw. das seitliche Entfernen vom Pferdehals (siehe obigen Punkt 3), dass der Zügelimpuls im Maulwinkel landet und zum Abkauen anregt, statt auf dem Zahnfleisch und dort Schmerzen verursacht. Ein Pferd, das abkaut, ist auch in der Lage, seinen Rücken zu entspannen. Der Schmerz im Maul verleitet zum Festmachen des Kiefergelenkes (frei nach dem Motto ‚Zähne zusammen beißen und durchhalten') und des Rückens.

Ich habe immer wieder beobachtet, wie schwer das Umlernen, das Loslassen von alten Gewohnheiten ist. Im Grunde kann das aber jeder. Es ist wie ein Gedicht auswendig zu lernen. Wenn du dich immer darauf verlässt, dass dir der Reitlehrer alles vorbetet und Bescheid sagt, wird sich nichts verändern. Du musst es dir selbst immer wieder vorsagen und wiederholen, du musst es auswendig lernen. Dann besteht die Chance, dass die neuen ‚Regeln' von deinem Bewusstsein ins Unterbewusstsein dringen und du plötzlich die neuen Hilfen gibst, ohne weiter darüber nachzudenken.

Die Wippe

Auch mit jahrelanger Reiterfahrung ist es hilfreich, wenn man seinen Sitz immer wieder fachgerecht überprüfen lässt, während das Pferd longiert wird. Eine Longe ist eine lange Leine, an der das Pferd im Kreis um den Longenführer bzw. Reitlehrer herumläuft. Der Reiter braucht sich dabei nicht darum zu kümmern, wo sein Pferd hinlaufen soll, weil der Longenführer die Richtung bestimmt. Der Reiter kann sich voll und ganz auf seinen Sitz konzentrieren.

Ich bitte meine Reitschüler darauf zu achten, ob das Pferd an der Longe nach außen zieht. Falls es das tut, bitte ich den Reiter, sich eine Wippe vorzustellen, die sich mit Hilfe einer leichten Gewichtsverlagerung des Reiters auch auf die kurveninnere Seite senken lässt. Diese Übung lässt sich auch am Boden mit einer richtigen Wippe vorab demonstrieren und spürbar ausprobieren. Meistens stellt sich heraus, dass diese Übung auf einer Seite besser gelingt, als auf der anderen. Oft bleibt dabei in der Kreisbewegung die äußere Schulter und damit auch die äußere Hüfte des Reiters hinter der Bewegung zurück. In diesem Fall ist es hilfreich, wenn sich die kurvenäußere Hand mindestens zwei Handbreit vor dem Sattel locker auf die innere Halsseite des Pferdes legt. Das bewirkt, dass sich die innere Hüfte und das innere Bein des Reiters senkt und der menschliche Körper entsprechend ausbalanciert.

Das Vier-Augen-Prinzip

Jedes Pferd und jeder Mensch haben eine sogenannte Schokoladenseite und eine Seite, auf der ihnen die Bewegung schwerer fällt. Im Reitunterricht sehe ich jedoch sehr oft, dass versucht wird, diesem Problem auszuweichen, statt sich vermehrt mit der Lösung zu befassen. Die steifere, unbeweglichere, knickende Seite braucht viel mehr Aufmerksamkeit, als die Seite, wo alles leicht geht. Und wenn du der Meinung bist, du führst die unterstützenden Körperübungen schon im ausreichenden Ausmaß durch, dann bitte ich dich, deine Bemühungen mindestens zu verdoppeln! Übertreibe es richtig! Weil erst dann tatsächlich Veränderung eintreten wird!

Als ebenfalls erfolgreiches Bild für eine ausbalancierte Körperhaltung in Kurven hat sich der ‚4-Augen-Blick' gezeigt. Der Reiter schaut mit seinen zwei körperlichen Augen und dem hingewandten Kopf dorthin, wo er hin reiten möchte. Mit den imaginären Augen auf der kurven-äußeren Schulter und der kurven-äußeren Hüfte ‚schaut' er ebenso dorthin, wo er hin reiten möchte. Bitte übertreibe diesen Blick. Nimm deinen ganzen Oberkörper in die Drehung mit, wende dich deinem Ziel wie einem anziehenden Menschen zu! Deine Energie folgt deiner Aufmerksamkeit, dein Pferd folgt deiner Energie!

Durch beide Übungen, der Wippe und dem Vier-Augen-Prinzip, kann eine leichte Gewichtsverlagerung stattfinden. Das kurveninnere Bein kann sich senken und das Pferd weiß meistens schon ohne Zügelhilfe, wo es lang gehen soll. Die meisten Reiter reiten zu 80% über den Zügel, statt über die Gewichtshilfen, dabei sollte es umgekehrt sein. Sowenig Zügel wie möglich, soviel Zügel wie notwendig.

5.1.2 Spaltsitz

Beim Spaltsitz verlagert der Reiter sein Gewicht mehr auf die Oberschenkel. Um nicht nach vorne zu kippen, erhöht sich zum Ausgleich die Anspannung der Muskeln im Bereich der Lendenwirbelsäule. Der Atem kann dadurch nicht mehr frei fließen und fühlt sich gepresst an. Die Beine stemmen sich vermehrt in die Steigbügel und suchen dort Halt. Das Becken wird dadurch blockiert und die Beine können auch keine feinen treibenden Impulse geben. In dieser verkrampften Körperhaltung zeigt sich meistens mangelndes Vertrauen ins Pferd, in die Bewältigung einer reiterlichen Stress-Situation oder ins Leben an sich.

Der Baum

In solchen Situationen befrage ich meine Reiter gerne nach ihrem Lieblingsbaum. Ich lasse sie diesen Baum beschreiben. Wie sehen die Blätter, die Zweige, der Stamm und vor allem die Wurzeln aus?

Dann lade ich sie dazu ein, sich vorzustellen, wie dieser Baum sich bei Wind verhält und wie es ihm geht, wenn ein Sturm aufkommt. Was bewahrt ihn vor dem Umstürzen?

Das Bewusstsein über die eigenen starken ‚Wurzeln' verändert nun den Sitz des Reiters auf dem Pferd. Nicht umsonst sitzen wir mit unserem ‚Wurzel-Chakra' auf dem Pferderücken.

Wurzel-Meditation

Stelle deine Füße etwa hüftbreit auf die Erde,
entspanne deine Knie und beuge sie leicht,
spüre den Kontakt mit dem Boden durch deine Fußsohlen.
Spüre die Verbundenheit mit dem Mutterboden und
dein Verlangen, dich in der Erde zu verwurzeln

Strecke deine Sehnsucht aus und lasse deine Wurzeln
wachsen, atme tief ein und aus und mit jedem
Atemzug verlängern sich deine Wurzeln.
Was am Anfang feine, zarte Fäden sind,
wächst und gewinnt an Stärke.
Betrachte deine Wurzeln, sieh ihnen beim Wachsen zu.

Welche Farbe haben deine Wurzeln?
In welche Richtung breiten sie sich aus?
Ist die Hauptwurzel eine Pfahlwurzel, die geradewegs
auf den Erdmittelpunkt zielt?
Oder möchten deine Wurzeln so breit werden, wie die
Krone des darüberstehenden Baumes?
Auf welchem Boden fühlst Du dich wohl?
Welche Erdschichten durchdringst du?
Was findest du in der Tiefe?

Welche Art von Baum bist du?
Sieh dich um, stehst du allein auf weiter Flur?
Oder hast du Gesellschaft?
In welcher Landschaft stehst du?
Was umgibt dich? Berge, Obstgärten, Wiesen, Felder, Wald ...
Spürst du den Regen, der deinen Wurzeln Nahrung bringt?
Nun hat das mühsame Suchen ein Ende,
das Wasser benetzt deine Wurzeln, steigt in ihnen auf,
nährt dich und lässt dich wachsen.

Betrachte deine Wurzeln in ihrer ganzen Fülle,
spüre ihre Kraft, die dich mit der Erde verbindet
und die dich nährt.
Spüre ihre Elastizität, denn die Elastizität
der Wurzeln ist es, die es dem Baum ermöglicht,
sich im Wind zu wiegen und sich nach jeder Sturmböe
wieder aufzurichten.

Wenn du am Pferd sitzt, dann stell dir vor,
wie deine Wurzeln aus deinem Beckenboden
durch dein Pferd hindurch wachsen,
stell dir vor, dass die Beine des Pferdes von
deinen Wurzeln durchdrungen sind und
sich elastisch bewegen.

Deine eigenen Beine fühlen sich genauso elastisch an und sind Teil deines Wurzelgeflechts.
Du sitzt auf deinem Pferd und dein Oberkörper

fühlt sich wie der Stamm eines Baumes an.
Dieser Stamm trägt seine Baumkrone – deinen Kopf –
mit dem Bewusstsein, dass die tief in die Erde
reichenden Wurzeln alle Bewegungen ausgleichen,
stützen und sicher ausbalancieren.
Lass dich von deinem Pferd tragen und
lass dich von der Erde tragen.
Genieße das Aufgehobensein und getragen werden und
speichere diese Erfahrung in deinem Herzen
und in deinem Becken.
Atme ein paar Mal tief ein und aus
und komme langsam zurück ins Hier und Jetzt.

Diese Meditation ist auch für Nicht-Reiter total hilfreich, um in Kontakt mit ihren eigenen Wurzeln zu kommen, um Erdung zu spüren. Bitte einfach den Teil mit den Pferden auslassen.

Vertrauen

Manfred ist ein junger Mann mit einer leichten Gehbehinderung von Geburt an. Manche Haltungen und Bewegungen am und im Umgang mit dem Pferd fallen ihm schwer. Schon von Kindheit an war er fasziniert von Pferden. Doch sein Zweifel, ob Reiten für ihn überhaupt möglich ist, war groß. Vor einigen Jahren nahm seine Mutter telefonisch Kontakt mit mir auf. Sie war im Internet auf mich und meine Isländer gestoßen. Sie schilderte mir Manfreds Sehnsucht nach näheren Umgang mit Pferden und was ihn bis jetzt davon abgehalten hatte. Sie würde ihm, so erzählte sie mir, zu Weihnachten gerne einen Gutschein für mehrere Reitstunden schenken. Ob ich mir denn vorstellen könnte, dass das bei seinen körperlichen Beschwerden überhaupt Sinn machen würde?

„Probieren geht über studieren", antwortete ich sinngemäß. Manfred begann bei mir zu reiten. Natürlich musste sich sein Körper den neuen Herausforderungen anpassen. Er machte seine körperlichen Mängel aber mit sehr viel Einfühlungsvermögen und einer großen mentalen Stärke wett.

Das innere Fühlen drückt sich auch über den Körper aus und Pferde nehmen dies auf einzigartige Art und Weise war und reagieren sehr fein darauf. Mein Pferd Gambri hatte in den letzten Monaten bei seinem Reiter einige Gefühlsprozesse sichtbar gemacht und Manfred hatte sich auch darauf eingelassen. Doch wenn ich ihn in letzter Zeit beim Reiten betrachtete, bemerkte ich eine gewisse Zurückhaltung, sich neuen Herausforderungen zu stellen. Und so fragte ich ihn wieder einmal:

„Wie fühlst du dich auf dem Pferd?"

„Eigentlich gut", war die Antwort. Das konnte ich natürlich so nicht stehenlassen.

„Nur eigentlich?", fragte ich zurück. Manfred lachte. Wir kannten uns nun schon so gut, dass er wusste, ich gebe mich mit so seichten Antworten nie zufrieden. Er suchte nach Worten, um seinen Zustand zu beschreiben. Derweil betrachtete ich seinen Sitz auf dem Pferd und fühlte mich ein. Er hatte sein Gewicht mehr nach vorne auf seine Oberschenkel verlagert. Seine Beine und sein Oberkörper wirkten angespannt, weil er sich damit ausbalancieren musste. Er saß nicht auf seinem Hintern.

„Kannst du auf deinem Hinterteil richtig sitzen?", fragte ich ihn.

„Ich weiß nicht", war die Antwort.

„Kannst du es ausprobieren?" Er tat es und seufzte. Gambri nahm ebenfalls einen tiefen Atemzug und kaute.

„Gibt es da einen Zweifel in Dir?" Manfred schaute mich überrascht an.

„Was hindert dich denn daran, ganz entspannt im Sattel zu sitzen?", fuhr ich fort.

„Du kennst Gambri nun schon so lange und weißt, dass du ihm vertrauen kannst, dass er dich sicher trägt!"

„Das stimmt", meinte Manfred verlegen.

„Wo begegnet dir denn dieser Zweifel noch in deinem Leben?"

„Damit bin ich ständig konfrontiert", gestand er mir." Ich zweifle immer und an allem." Das klang verzweifelt. Plötzlich spürte ich es. Die körperlichen und seelischen Schmerzen, die unerfüllten Sehnsüchte, den Kampf, trotz allem ein ‚normales' Leben zu führen. Der Zweifel, der ständig am Urvertrauen nagte.

„Zweifelst du denn daran, dass das Leben es gut mit dir meint?" fragte ich vorsichtig. „Fällt es dir deswegen so schwer, zu vertrauen?" Manfred nickte. Ich blickte ihm in die Augen und sah, dass er sehr berührt und dass es wahr war. Gambri kaute und leckte und schnaubte ab. Lange war es still zwischen uns. Die Wahrheit sorgte für Frieden.

„Das ist deine Herausforderung. Dem Leben immer wieder eine Chance zu geben, dass es Dir zeigen kann, wie gut es für dich sorgt. Wenn du im Gefühl des Mangels bleibst, wirst du immer Beweise dafür suchen, was du nicht kannst. Aber wenn du deine Stärken pflegst, kannst du sehen, womit dich das Leben reich beschenkt!" Wir waren beide tief bewegt, denn ich spürte, dass sich nun bei Manfred ein Tor in einen neuen Bewusstseins-Raum geöffnet hatte. Sein Sitz hatte sich verändert. Locker und losgelassen schwang sein Becken mit den Bewegungen des Pferdes mit. Er legte Gambri die Zügel auf den Hals und war nun imstande, sich dem Pferd anzuvertrauen.

5.1.3 Stuhlsitz

Im Stuhlsitz ist der Reiter nicht in der Lage, seine Beine unter dem Schwerpunkt seines Körpers zu halten. Die Unterschenkel rutschen dabei nach vorne. Auf der körperlichen Ebene sehen wir, dass die Muskeln in der Leistengegend, aufgrund einer Schonhaltung, verkürzt sind. Als Impuls auf der körperlichen Ebene empfehle ich, die Muskeln in der Leistengegend zu dehnen.

Auf der seelischen Ebene, die sich ja immer auch über den Körper ausdrückt, versuche ich, die Ursache für diese Haltung zu ergründen.

Trage mich

Der Reiter kommt zum Reitunterricht, weil es ihm ein großes Bedürfnis ist, getragen zu werden. Diese innere Haltung drückt einen passiven Zustand aus. Sie äußert sich meistens auch in der Unfähigkeit, sein Pferd vorwärts zu reiten. Im Grunde seines Herzens möchte der Reiter gar nicht aktiv sein. Wenn man bei solchen Reitern mit übertriebenem Ehrgeiz mehr Aktivität erreichen möchte, verlieren sie die Freude am Kontakt mit dem Pferd.

Wenn ich dieses Grundbedürfnis nach getragen werden erkenne, biete ich im Reitunterricht sehr viel davon an, ohne Leistungen einzufordern. Diese entspannte, leistungsfreie, manchmal auch spielerische Zeit mit dem Pferd wird nur unterbrochen von sehr kurzen Sequenzen, die dazu dienen, den Lernfortschritt aufrechtzuerhalten.

Stütze mich

Eine weitere Möglichkeit, den Stuhlsitz auf lange Sicht zu verändern besteht darin, dem betroffenen Reiter eine emotionale Stütze in den Rücken zu geben. Sein Oberkörper sieht so aus, wie wenn ihm jemand einen kräftigen Schubs vor die Brust gegeben hätte und er deshalb damit nach hinten ausweicht. Diese Körperhaltung zeigt sich erfahrungsgemäß auch im täglichen Leben ohne Pferd.

In einem Bewußtwerdungs-Prozess (ähnlich wie im Kapitel 5.1.2 beschrieben) erfährt der Reiter, was ihn so aus dem Gleichgewicht geworfen hat und wie er sich selbst stärken kann.

Bergauf reiten

Sehr hilfreich ist auch das nachfolgend beschriebene innere. Bild. Stell dir bitte vor, du reitest einen mehr oder weniger sanft ansteigenden Weg bergauf. Dein Körper folgt dieser Vorstellung und neigt sich leicht nach vorne. Dadurch können die Beine in die richtige Position nach hinten rutschen. Sehr oft teilen mir dann die Reiter mit, dass sie befürchten, nach vorne zu kippen, weil sich diese ungewohnte Haltung für sie schief anfühlt. In Wirklichkeit jedoch sitzen sie endlich einmal gerade am Pferd, ihre Schultern, Hüften und Fersen in senkrechter Linie untereinander.

Pferd wechseln

Als Körperarbeiter weiß ich, dass ich einem Menschen kein Konzept für eine Änderung einfach überstülpen darf. Das gilt für mich auch im Reitunterricht. Selbst wenn ich sehe, was dem Menschen gut tun würde, gebe ich nur Impulse und warte auf Antwort. Noch besser ist es, auf die Einladung weiterzumachen zu warten. Wenn der Reiter noch nicht in der Lage ist, sich auf seelische Prozesse einzulassen, dann biete ich ihm ein Pferd an, das ihn unterstützt und mit dem sich der ‚Reitfrust' in Grenzen hält.

Klar neigt mein Reitlehrer-Ego dazu, meinen Reitschülern möglichst viel möglichst gut beizubringen, also möglichst gut dazustehen, indem ich erfolgreich bin. Wenn ich jedoch in der Lage bin, die Absichten meines Egos zu erkennen und lieber zum Wohle meines Reitschülers zu handeln, entsteht ‚Raum' für Veränderung und Weiterentwicklung.

5.1.4 Steigbügel-Verlust

Wenn du als Reiter, vor allem bei den schnelleren Gangarten Trab und Galopp, immer wieder einen oder sogar beide Steigbügel verlierst und/oder auch im Schritt mit hochgezogenen Fersen im Sattel sitzt, brauchst du neue innere Bilder, die dir helfen, das zu ändern. Die gängige Anweisung von Reitlehrern dazu lautet „Fersen tief", was jedoch nur dazu führt, dass du deine Ferse runterdrückst. Dabei spannt sich deine Wade an und dein Fußgelenk versteift sich. Du versuchst, die Entspannung deines Beines aktiv zu erreichen – und scheiterst.

Ferse tief?

Was wir wirklich wollen ist, dass deine Ferse bei entspanntem Bein unten bleibt und das Fußgelenk locker federt. Denn nur dann bist du in der Lage, dich erfolgreich an die Bewegungen deines Pferdes anzupassen. Versuche bitte das folgende innere Bild:

„Ich lasse mein(e) Knie sinken." Hierbei gibst du die aktive Kontrolle auf und die Anspannung löst sich von selbst. Du kannst dieses Bild noch mit der Vorstellung ergänzen, dass du deinem Atem mit Aufmerksamkeit folgst. Du ‚beobachtest', wie er durch dein Bein nach unten fließt und am tiefsten Punkt, der Ferse, deinen Körper verlässt und nachweht. Dieses Bild führt dazu, dass deine Beine entspannt und elastisch werden und du viel schneller auf Richtungswechsel und Gewichtsverlagerungen reagieren kannst.

5.1.5 Erfolgreich Trab aussitzen

In den meisten Fällen habe ich kein Problem, den Trab meiner Pferde auch auszusitzen. Es gab jedoch eine Zeit in meinem Leben, da war ich innerlich so angespannt, dass mir das nicht möglich war. Damals löste ich das Problem durch Vermeidung. Folgende innere Bilder können dir jedoch auch dabei helfen:

Halb gefüllter Ball

Wenn ein Ball prall mit Luft gefüllt ist, lässt er sich leicht zum Hüpfen bewegen. Wenn man jedoch einem Ball die Hälfte der Luft nimmt, bleibt er statt zu hüpfen am Boden kleben. Diese Erfahrung hat jeder von uns schon als Kind gemacht.

Konzentriere dich nun bitte auf deinen Bauch und stelle dir vor, dass du unterhalb deines Bauchnabels einen Luftballon in dir trägst. Wenn du diesen Luftballon gut mit Luft füllst, wird er gespannt. Durch die Bewegungen des Pferdes beginnt er zu hüpfen und dein ganzer Körper kommt aus dem Gleichgewicht. Wenn es dir aber gelingt, aus deinem imaginären Luftballon in deinem Bauch durch beständiges ein- und ausatmen (statt die Luft anzuhalten) immer wieder Luft zu entlassen, verringert sich die Anspannung. Dadurch lässt sich dein Luftballon nicht zum Hüpfen animieren. Auch dein Becken bleibt geschmeidig und neigt nicht mehr dazu, auf dem Pferderücken herumzuhüpfen.

Gelkissen

Richte deine Aufmerksamkeit auf deine Pobacken und stell dir vor, sie wären glibberig und weich, wie ein Gelkissen. Stell dir bitte weiterhin vor, dass du dich ganz entspannt darauf niederlassen kannst. Spüre, wie deine weichen Pobacken elastisch den Bewegungen des Pferderückens folgen und sich dem Auf und Ab weich anpassen.

5.1.6 Die richtige Richtung

Immer wieder konnte ich Situationen beobachten, in denen sich das Pferd und sein Reiter über die einzuschlagende Richtung nicht einig waren. Der Reiter zog am linken Zügel, das Pferd jedoch lief nach rechts, oder umgekehrt.

Eine gute Lösung für dieses Problem ist die schon im Kapitel 5.1.1 beschriebene Übung ‚Das 4-Augen-Prinzip'. Oft lohnt es sich jedoch, dem Grund für die Verweigerung noch tiefer nachzuspüren.

Hohl

Thomas war elf Jahre alt, als er gemeinsam mit seiner Schwester bei mir mit dem Reitunterricht begann. Seine Familie war im Besitz von zwei Haflingern und wollte, dass beide Kinder sicherer beim Reiten und im Umgang mit Pferden wurden.

Thomas war ein feinfühliger, angstfreier Reiter und machte schnell Fortschritte. Meistens ritt er Gambri und kam gut mit ihm zurecht. Bis auf eine Ausnahme. Wenn Thomas auf der rechten Hand (für Nichtreiter: rechtsherum) einen Zirkel reiten sollte, gelang ihm das nie. Sein Pferd hielt den Kopf schief und lief einfach geradeaus weiter.

Nun ist Gambri ein Pferd, das sich viel öfter mit Linksbiegungen plagt, daher war dieses Verhalten für mich richtig auffällig und ich machte mir meine Gedanken darüber. Ich befragte Thomas' Mutter über seine Lebensgewohnheiten und körperlichen Beeinträchtigungen. Nichts davon ließ jedoch einen Zusammenhang mit den aufgetretenen Schwierigkeiten erkennen. Schließlich fragte ich:

„Und wie sitzt Thomas am Schreibtisch, wenn er seine Hausaufgaben macht?"

„Gar nicht", antwortete seine Mutter. Ich starrte sie verblüfft an:

„Er macht gar keine Hausaufgaben?" Sie lachte:

„Doch, schon! Aber er sitzt nicht, er liegt dabei am Boden, wenn er sie macht!" Ich stellte mir die Situation bildlich vor und hatte sofort des Rätsels Lösung. Indem Thomas auf seiner linken Körperseite lag, den Kopf auf den linken Ellbogen gestützt hatte und mit der rechten Hand schrieb, dehnte er ständig diese

Körperseite und die rechte Seite bleib sozusagen hohl. Aus diesem Grund verlagerte er auch aus Gewohnheit beim Reiten sein Gewicht ebenfalls auf die linke Seite und das Pferd folgte seiner Gewichtsverlagerung.

Nun ließ ich den Jungen vor jeder Reitstunde mit über den Kopf gestrecktem rechten Arm seine gesamte rechte Körperseite wie einen biegsamen Ast dehnen und empfahl diese Übung auch als tägliche ‚Hausaufgabe'. Danach waren die Zirkel auf der rechten Hand einwandfrei.

5.2 Die Chemie muss stimmen

Ein gutes Schulpferd ist ein wahres Goldstück. Es soll charakterlich und gangmäßig so entspannt sein, dass es ihm nichts ausmacht, wenn es jeden Tag ein oder sogar mehrere verschiedene Reiter trägt. Es soll nicht faul aber auch nicht zu nervös sein. Kurz gesagt: es soll sowohl für Anfänger als auch für fortgeschrittene Reiter genau das richtige Maß an Sicherheit und Herausforderung bieten. Wie schon im vorigen Kapitel erwähnt, ist nicht jedes Pferd für jeden Reiter geeignet. Aber manchmal glauben wir auch nur, dass es so ist.

Gáski [sprich: Gauski] ist ein hübscher Isländer, ein Braunschecke mit zwei blauen Augen. Er kam im Alter von dreieinhalb Jahren zu mir. Eigentlich wollte ich seine Mutter kaufen, doch seine Besitzer wollten ihn unbedingt loswerden. Also musste ich diese Draufgabe mitkaufen. Beim Anblick des Jungpferdes war mir auch sofort klar, warum. Am ganzen Körper hatte er riesige kahl gescheuerte Flecken. Ich war entsetzt und dachte zuallererst an das gefürchtete Sommerekzem. Doch irgendwie kamen mir die Symptome komisch vor. Ich schaute mich auf dem Hof um und entdeckte, dass die Pferde mit den Hühnern im gleichen Stall untergebracht waren. Ich vermutete, dass möglicherweise hier der Grund für die Allergie lag.

Da Gáski erst nach dem Winterfellwechsel zu scheuern begonnen hatte, wuchs auf den kahlen Stellen kein dichtes Fell mehr nach. Es war klar, der arme Kerl musste mit. Aber wie sollte er die Zeit überstehen, bis das Fell wieder nachgewachsen wäre? Immerhin war es Winter und meine Pferde lebten im Offenstall!

Gáski erfror nicht. Mit einer Pferdedecke und Übernachtungen in der Box überstand er die rauhe Zeit. Nach dem nächsten Fellwechsel hatte er sich zu einer wahren Schönheit gemausert.

Bei der Bodenarbeit und beim Anreiten des Jungpferdes zeigte sich, dass er ein Fünfgänger mit großer Neigung zum Pass war. Tölt und Trab waren nur möglich, wenn er sich wirklich gut entspannen konnte. Sein Geist folgte seinem Körper. Er war in jeder Hinsicht ein sehr angespanntes, sehr schnelles, schwer zu bremsendes Pferd und der Beritt war für mich eine Herausforderung.

Mir war klar, dass Gáski ein Pferd war, das ich verkaufen wollte. Zu Verkaufspferden hielt ich zu meinem eigenen Schutz immer eine gewisse innere Distanz. Ich erkannte aber auch, dass er unter dieser Distanziertheit litt. Er wünschte sich wohl einen Menschen nur für sich. Mit seinen Veranlagungen aber war er definitiv ein schwer verkäufliches Pferd. Meine Klientel kam zu hundert Prozent aus dem Freizeitreiter-Bereich und nicht aus der Turnierreiter-Szene.

Gáski musste sich also seinen Unterhalt bei mir im Schulbetrieb verdienen. Die besseren Reiter kamen halbwegs mit ihm zurecht, aber es war immer eine Gratwanderung. Immer wieder musste ich mir kreative Lösungen einfallen lassen, um dieses Pferd im Viereck zu bremsen. Ans Ausreiten mit Schülern war nicht zu denken.

Tine war ein hübsches, langbeiniges Mädchen und nahm schon einige Jahre Unterricht bei mir. Sie hatte einen ganz eigenen Reitstil entwickelt. Ihr Motto war: so wenig wie möglich anstrengen, soviel wie gerade nötig treiben. Sie war sehr groß, aber wenn ich ihr beim Reiten zusah, hatte ich trotzdem immer das Bild eines nassen Lappens ohne ‚Körper' und Aufrichtung vor Augen. Für Anfänger war die Pferdeauswahl noch nicht sehr groß. So kam es, dass Tine oft frustriert war, weil die ihr zugeteilten Pferde nicht von selbst liefen. Sie strengten sich gerade mal soviel an, wie sie es auch tat.

Die Jahre vergingen. Gáski war nun schon 8 Jahre alt und für Tine rückte die Firmung näher. Ihre Eltern signalisierten mir, dass sich ihre Tochter ein Pferd zur Firmung wünschte. Ich ging schon mal in Gedanken all meine Verkaufspferde durch und überlegte, welches da in Frage kommen könnte. Ich schlug ihnen drei Pferde vor, von denen ich mir vorstellen konnte, dass sie zu Tine's reiterlichem Können passten. Doch da hatte ich die Rechnung sozusagen ohne den Wirt gemacht.

Tine hatte ganz konkrete Vorstellungen und diese Vorstellung hieß Gáski! Ich schnappte nach Luft. Aus guten Gründen hatte ich Tine noch nie auf ihm reiten lassen und hatte es auch in Zukunft nicht vor. Nun lernte ich sie auf einmal von einer ganz anderen Seite kennen. Sie bettelte nicht, aber ihre Haltung war eindeutig und klar:

„Der, oder keiner!" Überrascht von diesem Energie-Ausbruch betrachtete ich sie und dachte nach. Wie oft hatte ich ihre Antriebslosigkeit mit mangelndem Können gleichgesetzt. Und genauso oft hatte ich erlebt, wie sich Gáski gegen ehrgeizige Reiter mit Flucht nach vorne gewehrt hatte. Ich seufzte.

Meine Erfahrung hatte mich gelehrt, dass vor allem jugendliche Reiter ihr tatsächliches Können gerne maßlos überschätzen. Schließlich kam ich zu dem Schluss, dass ein Proberitt im Viereck doch relativ ungefährlich war. Irgendwie würde ich das Pferd schon vom Boden aus bremsen können, falls das Mädchen mit ihren Hilfen nicht durchkam.

„Es ist ein Risiko", informierte ich ihre Eltern, „ich weiß nicht, wie Gáski auf sie reagieren wird. Ich übernehme keine Garantie für ein gutes Gelingen." Der Vater sah mich zwar mit hochgezogenen Augenbrauen an, aber seine Tochter ließ ihm keine Wahl. Sie wollte dieses Pferd, es probe reiten und kein anderes. Ich dachte mir, dass nach dem Probritt der Kauf ausgerechnet dieses Pferdes wohl vom Tisch sein würde. Mit gemischten Gefühlen begleitete ich die beiden in die Reithalle. Ich war auf alles gefasst, aber keinesfalls auf das, was ich dann miterleben durfte.

Tine stieg auf und bereits hier stutzte ich. Gáski stand still und wollte nicht gleich losrennen, wie es sonst seine Art war. Ich ließ sie im Schritt starten und hatte ein mir völlig unbekanntes Pferd vor mir. Statt im aufgeregtem schnellen Schritt latschte er gemütlich mit gesenktem Kopf durch die Halle. Selbst die Aufforderungen zum Trab, Tölt oder gar Galopp erfüllte er ruhig und gelassen, wie wenn er nie etwas anderes gemacht hätte.

Scheinbar mühelos gelang Tine, was ich all die Jahre nicht mit ihm zustande gebracht hatte. Gott sei Dank war niemand in meiner Nähe und so hatte ich wieder Zeit, mich zu fassen.

Gáski und Tine waren wie gemacht füreinander. Ich erkannte, dass ihre Nicht-Hilfen, ihr mangelnder Ehrgeiz genau richtig waren für ihn. Sie machte ihm keinen Stress und er hatte endlich Zeit, zuzuhören, sich zu entspannen und sein Können zu entfalten.

Dieses Erlebnis öffnete mir die Augen. Verbindung zwischen Pferd und Reiter entsteht auf einer Ebene, die keineswegs vom Können oder Beherrschen der Hilfen abhängig ist. Die zwei hatten jeweils das innerste Wesen, die Essenz des anderen wahrgenommen und sich dort vereint. Man könnte auch sagen, die ‚Chemie' zwischen den beiden stimmte. Auf jeden Fall konnten sie sich auf eine Art und Weise aufeinander einlassen, die beiden zum Vorteil gereichte.

Ich wollte es genau wissen und nahm die beiden auf einen Ausritt mit. Aber auch hier bot sich mir das gleiche Bild. Völlig entspannt zottelten die beiden am langen Zügel durchs Gelände und ließen sich durch nichts aus der Ruhe bringen. Der Kaufvertrag wurde zu aller Zufriedenheit unterzeichnet.

Heute, viele Jahre später, sind die beiden noch immer glücklich miteinander unterwegs.

Ab da sah ich meine Pferde in einem anderen Licht. Ich achtete von nun an darauf, ihnen ‚passende' Reiter auszusuchen. Es war mir fortan wichtig, dass Menschen und Pferde Freude aneinander hatten und sich der Reitunterricht für alle Beteiligten, einschließlich mir selbst, leicht anfühlte.

5.3 Wo ist die Notbremse?

Auch für dieses Kapitel gilt:

„Sowenig Zügel wie möglich, soviel Zügel wie notwendig."

Der Griff nach den Zügeln entspringt dem Bedürfnis nach Kontrolle und der Angst, diese zu verlieren. Kein Pferd ist jedoch zu hundert Prozent kontrollierbar. Es ist ein Lebewesen, das hauptsächlich seinen Instinkten und seinem Bedürfnis nach Sicherheit folgt.

Sicherheit findet das Pferd in erster Linie in seiner Herde. Im Zusammensein mit uns lebt das Pferd in der kleinsten Einheit, einer Zweier-Herde.

Die alles entscheidende Frage für das Pferd ist, ob es sich mit uns sicher fühlt. Wenn nicht, wird es seine eigenen Entscheidungen treffen. Bei Situationen, die unser Pferd ängstigen, lautet diese Entscheidung meistens:

„Schnell weg!" Die nachfolgende Übung ist daher eine der ersten grundlegenden Übungen, die ich meinen Reitschülern beibringe.

Stoppe dein Pferd mit deinem Atem

Ich bin immer wieder erstaunt, mit wie viel Zügeleinsatz und/oder dem Einsatz von scharfen Gebissen langjährige Reiter ihre Pferde bremsen. Und eben diese Reiter sind total überrascht, dass es Pferde gibt, die tatsächlich ohne oder nur mit minimalem Zügeleinsatz punktgenau anhalten.

Das Geheimnis ist gar kein Geheimnis. Wenn du deinen Atem ganz aus dir heraus fließen lässt, entspannt sich dein Körper. Du kannst den Atem mit einem tiefen Seufzen entweichen lassen. Dein Pferd nimmt diese Entspannung wahr und reagiert sofort darauf.

Atmen gehört so selbstverständlich zu unserem Leben, dass wir uns kaum darüber Gedanken machen. Und doch finden wir uns immer wieder in Situationen wieder, in denen wir unseren Atem unbewusst anhalten, gepresst atmen oder hyperventilieren.

Unser Atem ist auch Ausdruck unseres Gemütszustandes. Wer Angst hat, atmet anders, als jemand, der total entspannt ist.

Der Luftballon

Wie in Kapitel 5.1.5 bereits beschrieben stellst du dir wieder deinen Bauchraum als einen gut gefüllten Luftballon vor, der sich jedoch im Moment des gewollten Stehenbleibens ganz mittels Ausatmen leert.

Beobachte bitte dabei, ob dein Atem nur deinen Brustkorb bewegt, oder ob sich auch dein Bauch dabei hebt und senkt. Das macht tatsächlich einen großen Unterschied. Es ist wichtig, dass du tatsächlich die gesamte Luft aus dem Luftballon entweichen lässt. Wenn du bewusst oder unbewusst nur bis zum unteren

Ende deines Brustkorbes ausatmest, einen Teil davon jedoch in deinem Bauchraum zurückhältst, merkt dein Pferd den Unterschied sehr genau! Atme bitte aus deinem Bauch heraus aus.

Der Schiffsanker

Dieses innere Bild ist ebenfalls sehr hilfreich für ein bewusstes und erfolgreiches Anhalten mit deinem Pferd.

Im Moment des gewollten Anhaltens stellst du dir vor, wie aus deinem unteren Bauchraum ein riesiger Schiffsanker zu Boden sinkt. Er sinkt genau an den Ort, an dem du stehenbleiben möchtest. Es ist wichtig, dass du dir einen sehr großen und extrem schweren Anker vorstellst. Einen Anker, dem du auch vertrauen kannst, dass er dich und dein Pferd an der gewählten Stelle zum Stehen bringt. Gemeinsam mit der oben erwähnten Atemübung kannst du dabei ast bis ganz auf einen Zügeleinsatz verzichten.

5.4 Chaos

Du hast einen hektischen Tag hinter dir, du hattest Ärger mit deinem Chef oder deinen Kollegen. Etliches von dem, was du dir vorgenommen hattest, ging schief. Nun möchtest du wenigstens den Tag positiv mit deinem Pferd (alternativ: deinem Partner/deiner Familie) beschließen, möchtest dich einfach nur entspannen – doch das Chaos geht unerbittlich weiter! Wenn das Chaos des Tages noch in deinem Kopf ist, während du beim Pferd bist, wird dein Pferd dir den Spiegel vorhalten. Du bist dann mit deinen Gedanken bei deinen Problemen, bei deinem Ärger oder sonst wo, aber sicher nicht im Hier und Jetzt. Du bist für dein Pferd nicht spürbar. Du bist geistig nicht anwesend und es wird dir nicht vertrauen bzw. seine eigenen Entscheidungen treffen. Die nachfolgenden Übungen helfen dir, im Hier und Jetzt anzukommen und präsent zu sein.

Tür zu

Stell dir eine Tür zwischen deinen Problemen und dir vor. Gehe bewusst durch diese Tür und schließe sie hinter dir. Nimm wahr, dass augenblicklich Ruhe einkehrt. Entscheide dich bewusst für die Zeit mit deinem Pferd. Striegle dein Pferd aufmerksam, statt nebenbei mit deinen Stallkollegen zu tratschen. Genieße eure gemeinsame Zeit. Wenn du Zeit mit deinem Pferd verbracht hast, kannst du jederzeit wieder durch diese Tür gehen und dich deinen Problemen stellen.

Sie Zeit mit deinem Pferd ist eine heilige Zeit, eine Zeit nur für euch beide.

Beobachte deinen Atem

Du kannst deinen Atem jederzeit beobachten, egal ob du im Büro, auf dem Sofa oder auf deinem Pferd sitzt.

Setze dich bitte bequem hin, lege deine Hände entspannt auf deinen Oberschenkeln ab, schließe deine Augen und atme dreimal tief ein und aus. Anschließend atme bitte in deinem normalen Rhythmus weiter und beobachte deinen Atem, ohne irgendetwas daran zu bewerten. Du nimmst einfach wahr, was gerade ist.

In welchem Tempo atmest du? Wie tief atmest du in deinen Körper hinein? Spürst du, wie sich deine Lunge beim einatmen weitet? Spürst du, wie sich deine Rippen beim einatmen weiten? Hebt und senkt sich dein Bauch im Atmen? Wie fühlen sich deine Schultern dabei an? Hast du den Eindruck, genug Luft zu bekommen? Beobachte bitte einige Minuten deinen Wechsel von Einatmen und Ausatmen und wofür du mehr Zeit brauchst.

Beobachte den Atem deines Pferdes

Eine sehr schöne ergänzende Übung ist, wenn du auch den Atem deines Pferdes beobachtest. Wenn du nach dem Aufsitzen nicht gleich los reitest, sondern deine Aufmerksamkeit auf die Körperteile richtest, an denen du die Atembewegungen deines Pferdes spürst. Das Heben und Senken der Flanken, das Dehnen der Rippen. Und du kannst deinen Atem in Gleichklang mit dem Atem deines Pferdes bringen. Ein sehr schönes, verbindendes Erlebnis.

Natürlich kannst du diese Übung auch mit deinem Pferd machen, wenn du nicht oben sitzt, sondern den Körper deines Pferdes beobachtest und dich auf seinen Atemrhytmus einlässt.

Sich seines Atemmusters bewusst zu werden hilft, im Hier und Jetzt anzukommen und Verbindung zu sich selbst und zum Pferd zu finden.

6 Verbindung findest du in dir

Für viele Menschen bedeutet die Verbindung zum Pferd, dass sie die/den am Pferdekopf befestigten Führstrick, Longe oder Zügel in der Hand halten und diese/n für Signale benutzen. Das führt in den allermeisten Fällen zu einer einseitigen Verbindung, die der Mensch gerne zur Verdeutlichung seiner Vorstellungen verwendet. Das Pferd muss folgen, parieren, funktionieren. Vor allem soll es die vom Menschen gewünschte Leistung erbringen. Diese Vorgehensweise hat jedoch mit Verbindung im Sinne von gegenseitigem Vertrauen, von Herzensbindung und füreinander da sein nichts zu tun.

Für viele Menschen bedeutet die Verbindung zum Pferd, dass sie ihre Bedürfnisse nach Nähe, nach Wärme, nach Erfolgserlebnissen oder nach Freiheit auf das Pferd projizieren. Dabei bemerken sie nicht, dass das Pferd möglicherweise ganz andere Bedürfnisse hat. Der Mensch möchte mit dem Pferd trainieren, reiten, kuscheln – aber will das Pferd das auch? Darf das Pferd auch einmal Nein sagen? Darf das Pferd die Zumutungen des Menschen beantworten oder wird es dafür bestraft?

Für leider viel zu wenige Menschen bedeutet Verbindung nicht nur vom Pferd angenommen sein, so wie man ist, sondern auch das Pferd so anzunehmen, wie es ist. Angenommen sein jenseits von Bedingungen und Täuschung. Angenommen sein aus Liebe, nicht nur trotz der Unzulänglichkeiten und Schwächen, sondern genau deswegen. Verbindung nicht nur auf der physischen Ebene durch Berührung oder Seile, sondern auch durch Achtsamkeit, Hinwendung und Bewusstsein. Verbindung durch die eigene Bereitschaft, sich in seiner Verletzlichkeit zu zeigen.

Wenn du dich auf diese Verbindung von Herz zu Herz einlassen möchtest, gelingt es dir nur, wenn du dich in deiner

Verletzlichkeit zeigen kannst. Verbindung gelingt nur dann, wenn du dein Herz nicht mit einem Panzer schützt. Das geht nicht so einfach? Du hast recht! Jeder hat schließlich schon so seine Erfahrungen gemacht. Enttäuschungen, Kränkungen und Unfälle haben Narben hinterlassen. Das Herz ist schließlich unser Lebensspender und wir wollen auf keinen Fall, dass es noch mehr verletzt, betrogen oder gar gebrochen wird! Es ist wie mit der Liebe. Wenn du schon mal verletzt wurdest, hütest du dich davor, dich noch mal so richtig darauf einzulassen. Du weißt, wie du dich schützen kannst und tust es auch. Mit jeder weiteren Verletzung verstärkst du den Panzer, die Mauer um dein Herz, um es zu schützen. Ein gepanzertes Herz kann jedoch keine Verbindung eingehen, es fürchtet den möglichen Schmerz und sorgt dafür, diesem Schmerz nur ja nicht zu nahe zu kommen. Ein gepanzertes Herz grenzt all das aus, was es für die Freude, für die Lebenslust, für das innere Glühen der Begeisterung braucht. Das Leben besteht tatsächlich aus Höhen und Tiefen. Wenn es die Tiefen nicht gäbe, gäbe es auch keine Höhen. Wenn du die Höhen erleben willst, musst du auch bereit sein, die Tiefen mit in Kauf zu nehmen. Das ist der Preis.

Verbindung zu finden bedeutet auch, in Kontakt mit seinem innersten Antrieb, seinem größten ehtischen Wert, seinem Herzenswunsch, seiner Lebensaufgabe zu kommen. Dieser innere Antrieb ist für jeden Menschen anders, aber er bestimmt das Handeln und Tun und das, wie und wofür er sich einsetzt.

Trennung

Über fünfzig Jahre lang war Trennung, also getrennt sein von Menschen, die ich liebe, für mich das Allerschrecklichste, nur extrem schwer auszuhalten. Und so habe ich mich in vielen Dingen, mit Meinungen, im Äußern meiner Gefühle zurückgehalten, um nicht dieser Trennung ausgesetzt zu sein oder zu werden. Die Angst davor hat auch meinen Körper starr werden lassen. Meine Bandscheiben und einige andere Körperteile haben massiv gelitten.

Vor kurzem habe ich allerdings begriffen, dass nur die Getrenntheit von meiner Seele mich angreifbar macht. Wenn ich mit ihr verbunden bin, bin ich mit Allem universell verbunden! Was für eine Erleichterung, körperlich uns seelisch! Ich brauche keine starren Gedankenkonzepte mehr. Ich kann meine Mitmenschen so sein lassen, wie sie sind. Solange ich mit mir selbst verbunden bin, ‚droht' mir keine Trennung von ihnen. Ich kann entscheiden, was gut für mich ist. Ich fühle mich frei und trotzdem als Teil einer Gemeinschaft.

Über fünfzig Jahre lang war ich auf der Suche nach Liebe, immer wieder enttäuscht, weil ich mich nicht geliebt fühlte. Wie gut, dass meine Seele nicht locker ließ, mich immer wieder motivierte, mich auf die Liebe einzulassen. Nun, da ich die Liebe auf den Prüfstand stellte und bereit war, alles, wirklich alles loszulassen, habe ich endlich erkannt, dass ich von Liebe umgeben bin.

Liebe zeigt sich mir auf verschiedene Art und Weise. Menschen, die mich mit meinen Fehlern mögen, mich schon viele Jahre meines Lebens wohlwollend begleiten. Meine Pferde und meine Katzen, die mir auf ihre Art ihre Zuneigung zeigen oder spüren lassen. Und seit einiger Zeit auch das Leben, von dem ich endlich glaube, dass es es gut mit mir meint!

Mein Herz

Mehrere Schicksalsschläge in meinem Leben haben dazu geführt, dass mir die sprudelnde Lebensfreude meiner Jugend mehr und mehr abhanden gekommen war. Diesem Zustand wollte ich mit einer Heldenreise-mit-Pferden abhelfen. Ich stellte mir vor, dass mein Herz ein weiter Rosengarten sein soll, wo Liebe und Freude jederzeit Zutritt haben! Ich bat die Pferde

Jack, Funny und Caprice um Rat. Ich betrachtete Jack, einen Tinker-Wallach, und fragte ihn:

„Kannst du mir Dein Herz zeigen?" Heftiges Kopfschütteln antwortete mir. Jack drehte sich weg. Ich fragte: „Ist es zu verletzlich?" Da kaute er und wandte sich mir wieder zu. Ich spürte meine eigenen Wunden. Ich kann mein Herz genauso wenig unbefangen zeigen, wie Jack. Mein Herz geht andere nur dann etwas an, wenn sie sich mir langsam nähern, wenn mein Vertrauen langsam wachsen kann. Ich äußerte einen Wunsch an die Pferde.

„Ich möchte spüren, wie das ist, wenn ich meinen Herzensraum, meinen Rosengarten mit jemandem teile" und lud die Pferde dazu ein. Caprice war liebevoll und neugierig. Sie fand meinen Strohhut toll. Freundlich blies sie mir ihren Atem ins Gesicht und bewegte sich rücksichtsvoll um mich herum.

Jack betrat meinen Raum kraftvoll und sah sich um. Er entdeckte den Rosenstrauch in meiner Nähe. Gezielt ging er darauf zu und knabberte an ihm. Ich dachte:

„Machst du dass, um mich zu provozieren oder schmeckt es dir wirklich?" Jack ließ den Zweig fallen, kam auf mich zu, stupste mich an und ,sagte':

„Wenn du Liebe und Freude erleben willst, musst du schon ein paar zertrampelte Blumen in Kauf nehmen!"

Funny stand still, ihre Mähne wehte im Wind. Ich ging auf sie zu und bat sie um ihre Weisheit. Sie ,sagte':

„Bleibe aufmerksam und bewusst, genieße es, wenn Dein Partner mit dir zusammen sein will, aber erkenne auch, wenn du Rückzug brauchst."

Die Begegnung mit diesen drei Pferden hat mir gezeigt, mein Herz ist ein Rosengarten und da geht's nicht nur beschaulich zu, wenn Liebe und Freude Platz haben sollen. Bewusst kann ich Menschen dorthin ein – und auch wieder ausladen. Mein Herz ist groß und ich sorge für seinen Schutz. Ich sage, wann Zeit für

Ruhe und wann Zeit für Party ist. Mein Rosengarten ist nicht in Quadratmetern zu messen, sondern wie viel Freude dort möglich ist. Der Garten der Liebe wird nicht nur mein persönlicher Garten sein, mein Partner wird auch Anspruch darauf erheben. Nimmt mein Herz dann Schaden? Ich schwankte zwischen Vertrauen und Misstrauen! Aber es führte kein Weg mehr zurück, ich habe gespürt, wie sich dieser Garten anfühlt und ich will ihn haben!

Anschließend gingen Jack und ich gemeinsam ein Stück des Weges. Er folgte mir auch ohne Strick, ich fühlte eine gute Verbindung. Ich wollte anhalten, aber da ging er noch etwas weiter und senkte sofort den Kopf, um zu fressen. Ich atmete zwar aus, aber mein Solarplexus spannte sich an, weil ich mir insgeheim dachte:

„Jetzt wird es schwierig!" Ich versuchte es noch einmal. Um seinen Widerstand beim Losgehen zu überwinden, lud ich ihn mit Freude auf unseren gemeinsamen Weg ein. Da ging er mit. Beim Stehenbleiben dachte ich mir:

„Schau, wie schön es hier ist" und konnte entspannt bleiben. Jack blieb sofort stehen, ohne zu fressen und unsere Verbindung blieb!

Die Liebe trägt dich

Wie kann der Weg ins Innerste deines Herzens aussehen und welcher Schatz zeigt sich dir dann? In deinem Zusammensein mit dem Pferd ist es so - zeige dich verletzlich statt nach außen cool zu wirken. Wenn du bereit bist, in Verbindung mit deinen Zweifeln zu sein, dann verändert sich eure Beziehung.

Beate wollte mit ihrem Pferd Bodenarbeit machen und von mir erbat sie sich, die zuletzt gelernten Lektionen zu überprüfen. Der Wallach trug ein Stall-Halfter und während wir die Ziele besprachen, durfte er sich frei im Viereck bewegen. Das mitgebrachte Knotenhalfter hing ich an die Türklinke der Gerätschaftshütte.

„Letzte Woche war ich faul" entschuldigte Beate ihre Abwesenheit vom Hof, „aber davor lief es ganz gut mit uns beiden."

„Ging es dir nicht gut?" fragte ich nach, denn sie hatte mir schon mal von ihren gesundheitlichen Problemen erzählt.

„Na ja, ich konnte öfter mal für einige Momente nichts sehen und mein Blutdruck ist auch wieder viel zu hoch – vielleicht ist das eine Nebenwirkung von meinen Herztabletten, ich muss wieder mal zum Arzt gehen." Sie klang resigniert. Ich betrachtete sie und hatte den Eindruck, dass sich irgendetwas in ihr sperrte. Vorsichtig sagte ich:

„Vielleicht solltest du diese Symptome nicht nur schulmedizinisch, sondern auch von einer anderen Ebene aus betrachten. Worauf reagiert dein Herz? Was möchtest du nicht sehen?" Ich wartete ab, was Beate mit diesem Impuls machen würde.

„Mhm ....", sie zögerte, „ich habe um hilfreiche Unterstützung dafür gebeten, dass ich endlich die Tür in meinem Herzen öffnen kann. Ich weiß, dass mein Pferd mich immer wieder dorthin führt, dass er mich dazu bringt, diese Tür zu sehen, aber ich glaube nicht, dass er oder sonst jemand in meinem Umkreis in der Lage ist, mich durch diese Tür zu begleiten. Ich kann dieser Tür nicht ausweichen. Es fühlt sich so an, wie wenn ich mit dem Rücken zur Wand stehe, damit ich nicht davonlaufen kann." Während sie all das sagte, schlenderte das Pferd vom äußersten Rand des Vierecks herbei. Es berührte Beate kurz mit seiner Nase und ging weiter zur Tür der Gerätehütte, fand das Knotenhalfter und spielte damit herum. Ich wandte mich der Hüttentür zu und fragte Beate:

„Wie fühlst du dich, wenn du diese Tür in deinem Herzen betrachtest?"

„Ich möchte dort nicht hinschauen!"

„Wo in deinem Körper zeigt sich denn der Widerstand gegen diese Tür?" Beate fasste sich an die Kehle.

„Kannst du diesen Widerstand beschreiben? Wie sieht er denn aus?"

„Es ist ein grau-violetter Kelch aus einem weichen Gewebe."

„Wofür ist dieser Kelch da?"

„Um etwas Besonderes zu bewahren!" Beate war nun sehr berührt, die Tränen stiegen ihr in die Augen und plötzlich war der Wallach wieder da und stupste sie an. Ich wartete ein wenig, bevor ich weiterfragte.

„Kannst du in den Kelch hineinschauen, ist da was drin?"

„Ja, ein gelber Stein, unten flach und oben rund, so groß wie ein Fingernagel. Und er drückt mich."

„Möchtest du diesen Stein behalten?"

„Nein!" Beate überlegte laut, wie sie diesen Stein loswerden könnte.

„Ich könnte den Stoff des Kelchs kneten, damit sich der Stein vom Stoff löst....das reicht noch nicht ... ich könnte den Kelch schütteln." Beate hüpfte

„Ja, jetzt ist er locker und ich kann ihn ausspucken!"

„Womit möchtest du deinen Kelch nun füllen?"

„Mit Liebe, die finde ich in meinem Herzen!" Beate beschrieb den Kelch nun als gut gefüllt, als eine Ressource, die sich immer wieder aufüllt durch die Kraft ihres eigenen Herzens und durch die Verbundenheit mit der universellen Liebe, mit der Natur und allen Lebewesen. Nun konnte sie die Tür anschauen, sogar darauf zugehen.

Das Pferd war inzwischen ständig mit dieser Tür beschäftigt, hatte sie auf- und wieder zugemacht. Es hatte in die Hütte hineingeschaut und sich wieder ein Stück entfernt. Der Wallach hatte das Knotenhalfter mal hierhin, mal dorthin getragen und wieder vor der Tür in den Sand gelegt. Im gleichen Moment, als Beate begann, auf die Hütte zuzugehen, hakte er jedoch sein Stall-Halfter in die Türklinke ein. Mit einer sanften Drehung seines Kopfes zog er diesen aus dem Halfter und war frei! Triumphierend wartete er vor der Tür und schaute sich nach Beate um.

Beate war baff. So einfach sollte es sein, Hindernisse zu überwinden? Ich musste lachen! Die Tür hatte nun ihren Schrecken verloren. Beate öffnete die Tür und schaute in den Innenraum. Schließlich ging sie in die Hütte hinein und kam lachend wieder heraus:

„Ich hab da drin sogar was Brauchbares gefunden!" Sie hielt mir zwei Steckverbindungen für Schwimmnudeln hin.

„Die Schwimmnudeln nehme ich mit, wenn ich weite Strecken im See schwimmen möchte. Eigentlich dienen sie mir nur zu meiner Sicherheit, falls mein Herz stolpert. Ich kann mich nämlich einfach ins Wasser legen, ohne unterzugehen, es trägt mich!!!", erzählte sie mir.

„Du hast keinen Zweifel, dass du untergehen könntest?", fragte ich.

„Nein, nie!", erwiderte sie fest. Beate erkannte, dass sie nun die Tür zu ihrer innersten, geheimen Herzenskammer geöffnet hatte. Sie hatte dort einen Schatz gefunden. Die Gewissheit, von der Liebe aller Lebewesen und der universellen Liebe ständig genährt zu sein. Die Gewissheit, davon so beständig durchs Leben getragen zu werden, wie das Wasser ihren Körper trägt.

Ihr Pferd stand nun dicht neben ihr und gähnte ausgiebig. Beate bedankte sich bei ihm und wir beendeten unsere Zusammenkunft.

Ent-täuschung

Pferde leben ohne Masken. Sie zeigen uns ihre Gefühle und Emotionen ungefiltert und authentisch. Im Gegensatz zu den meisten Menschen. Dein Pferd erkennt sofort, wenn deine innere Befindlichkeit (wie Frust, Ärger, Angst, Trauer) nicht mit deinem äußeren Verhalten übereinstimmt. Kurz gesagt, dein Pferd erkennt, wenn du ihm etwas vormachen möchtest. Diese Inkongruenz regt dein Pferd auf. Es möchte sich schließlich bei dir sicher fühlen und das kann es nicht, wenn du nicht zu dem stehst, was gerade bei dir ist. Es bedeutet, dass du zugibst, wie du dich gerade wirklich fühlst und das macht dich verletzlich. Aber genau in dem Moment, wo du in Kontakt bist mit deiner Verletzlichkeit, ist die Welt für dein Pferd wieder in Ordnung! Es schnaubt ab, leckt und kaut, beruhigt sich oder gibt seinen Widerstand auf. Pferde gehen mit dem Widerspruch zwischen den innerlichen und den äußerlich gezeigten Befindlichkeiten der Menschen auf ihre eigene Art und Weise um.

Ein Jahr lang gab ich nur noch Reitunterricht in Form von Einzelstunden auf meinem Isländer Gambri, da Dagfari verletzungsbedingt länger pausieren musste. Regina ist eine Frau in meinem Alter, die immer wieder bei mir Unterricht nimmt. In dieser Zeit hatten wir öfter darüber gesprochen, dass ich möglicherweise bald wieder Dagfari einsetzen werde. Dann entschied ich mich aber, ihm doch noch mehr Zeit für seine Rekonvaleszenz zu lassen.

Seit dem Jahresbeginn kam Regina viermal zum Unterricht und jedes Mal lief es schlechter, als davor. Sie ist eine gute und auch feine Reiterin. Ich beobachtete jedoch, dass Gambri fast jeden ihrer Wünsche beim Ändern der Reitrichtung massiv in Frage stellte. Es funktionierte nur, wenn ich Regina vom Boden aus unterstützte. Dabei gab es durchaus immer wieder Momente der Harmonie, in denen sie einen guten Zugang zu ihrem Körper und damit zum Pferd fand. Doch die Misserfolge nagten an ihr. Ich fasste mich in Geduld. An einem Freitag war es soweit.

Gambri zeigte sich wieder von seiner ‚störrischen' Seite und für Regina war das Maß voll. Sie explodierte und lud ihren ganzen Frust bei mir ab:

„So kann ich nicht reiten. Wenn das Pferd nicht mitmacht, macht das überhaupt keinen Spaß!", grollte sie.

„Da höre ich lieber ganz damit auf! So geht das nicht!" Sie war kurz vor dem Absteigen vom Pferd.

„Ich weiß, dass du eine gute Reiterin bist und du bist ja auch lange Zeit sehr gut mit Gambri ausgekommen. Möglicherweise erwartest du von Gambri jetzt etwas, was er nicht erfüllen kann?", hakte ich nach. Da rückte sie mit der Sprache raus.

„Ich hatte mich so auf Dagfari gefreut! Aber als du gesagt hast, dass der doch noch nicht im Reitunterricht eingesetzt wird, war ich so enttäuscht!"

„Warum?" fragte ich sie.

„Weil ich nun doch wieder mit Gambri Vorlieb nehmen musste! Weil er dein Anfänger-Reitpferd ist und weil Dagfari für mich einfach ein besonderes Pferd ist!" Das war's! Gambri senkte seinen Kopf und leckte und kaute. Diese Enttäuschung, diesen Frust hatte Regina in den vergangenen Reitstunden mit sich herumgetragen. Nach außen jedoch hatte sie mir die bemühte, zufriedene Reitschülerin gezeigt. Mit dieser Inkongruenz wollte Gambri jedoch nichts zu tun haben und verweigerte die Mitarbeit auf seine Art und Weise.

Als alles gesagt war, lud ich Regina ein, doch noch ein paar Runden mit Gambri zu probieren. Sie ließ sich darauf ein und ich schmunzelte, denn ich wusste, was nun passieren würde. Gambri machte alles, wirklich alles widerstandsfrei mit. Er war aufmerksam und entgegenkommend und ich sah, wie Regina immer zufriedener wurde. Am Schluss saß sie strahlend auf dem Pferd. Sie hatte verstanden, dass es für die Harmonie zwischen ihr und dem Pferd wichtig war, ihre wahren Gefühle wahrzunehmen und auch auszudrücken. Gambri hatte sie dabei unterstützt, indem er so lange auf ‚Klärung' beharrte, bis Regina endlich soweit war.

Liebeserklärung an (m)ein Pferd

Christa kam zu ihrer zweiten Reitstunde und unser Gespräch drehte sich um die Herzensverbindung zwischen den Menschen und zu den Tieren. Ich fragte sie, ob sie diese Herzensverbindung auch zu Gambri, dem Pferd das sie ritt, spürt.

„Ich fühle großen Respekt und Dankbarkeit ihm gegenüber", antwortete sie mir. Ich sah, dass sie zögerte und wartete ab.

„Aber da ist noch mehr. Ich fühle auch, dass ich ihm vertrauen kann! Er trägt mich sicher. Er tut das nicht, weil er muss, sondern weil er das als seine Aufgabe sieht. Er bringt mir Liebe entgegen. Er bringt den Menschen Liebe entgegen. Es ist eine universelle Liebe, die mich mit einschließt. Er nimmt mich so an, wie ich bin und ich nehme ihn so an, wie er ist. Dieses Gefühl wärmt mein Herz!" Gambri war inzwischen stehengeblieben und während Christa sprach, leckte er ständig seine Lippen und kaute. Noch nie hatte einer seiner Reitschüler solche Worte der Wertschätzung für ihn gefunden. Auch ich war von dieser Liebeserklärung an mein Pferd sehr berührt und wir drei genossen noch etliche Minuten in Stille die Herzenswärme, die uns umfing.

Wie finde ich Verbindung?

Viele Menschen, denen ich begegne, haben keine Ahnung, wie sie denn mit sich selbst in Verbindung kommen können. Und ich selbst hatte auch jahrzehntelang keine Ahnung, wer ich wirklich bin. Dabei ist nun für mich die Antwort ganz einfach. Unser Körper stellt sich unserer Seele zur Verfügung. Er sorgt dafür, dass wir bemerken, wenn etwas nicht stimmt oder wenn wir voller Zuversicht und zufrieden sind. Unser Magen drückt oder brennt, wenn wir uns übermäßig Sorgen machen. Angst lässt uns erstarren oder instinktiv die Flucht ergreifen. Wenn jemand unsere Grenzen überschreitet, werden wir ärgerlich und wir spüren, wie uns dieser Ärger in den Kopf steigt. Liebe und Freude geben uns das Gefühl eines weiten, leichten Herzens und lassen unseren Körper hüpfen und springen und die Welt erscheint uns strahlend hell.

Es gibt verschiedene Methoden, um mit seinem Körper, damit auch mit seinen Gefühlen und in weiterer Folge mit seiner Seele in Kontakt zu kommen. So unterschiedlich die Menschen sind, so verschieden sind auch die dafür notwendigen Impulse. Aus meiner Erfahrung heraus biete ich im Reitunterricht, beim Coaching oder während der Körperarbeit Shiatsu Impulse auf körperlicher, geistiger und seelischer Ebene an.

Die geistige Ebene erreiche ich mit Gesprächen. Ich ermögliche den Menschen, Zusammenhänge zu erkennen. Ich motiviere sie, sich an Ereignisse aus ihrer Kindheit zu erinnern, möglicherweise einen „roten Faden" in ihren Lebens- und Verhaltensmustern zu erkennen. Auf dieser Ebene ist für mich auch das Erkennen des eigenen Verhältnisses zu den Gefühlen und Emotionen angesiedelt. Wir können sie mit Hilfe der Vernunft auch zuordnen. Jedoch hat die Wissenschaft herausgefunden, dass wir mit unserem Verstand unsere Gefühle und Emotionen nur zu dreißig Prozent beeinflussen können. Unsere Gefühle und Emotionen beeinflussen uns und unsere Entscheidungen bewusst oder unbewusst jedoch zu einhundert Prozent. Selbst wenn wir einen Seelenschmerz im hintersten, dunkelsten Winkel unseres Selbst verstecken, weil wir damit nichts mehr zu tun haben wollen. Über das Unterbewusstsein und den Körper findet dieser Schmerz einen Weg, uns zu beeinflussen. Die Seele sendet Signale mit Hilfe unseres Körpers, denn das ist die einzige Art, wie sie trotzdem mit uns kommunizieren kann.

Auf der Körperebene finde ich den Zugang sowohl zum Körper und zu seinem Schmerz, als auch den Zugang zum seelischen Schmerz und zu den Gefühlen und Emotionen. Den fernöstlichen Heilmethoden wie zum Beispiel der TCM

(Traditionelle Chinesische Medizin) oder der Akupunktur liegt die Lehre von den Fünf Elementen zugrunde. Shiatsu ist mit diesen Methoden eng verwandt. Einen bestimmten Punkt des Körpers zu berühren bedeutet immer auch, über diesen Punkt den Zugang zu der ihm zugeordneten Emotion oder dem Gefühl zu erhalten. Unser Körper bietet uns den Schlüssel zu ausgeglichenen seelischen Empfindungen. Umgekehrt können wir über das Heilen von seelischen Traumata auch körperlichen Schaden minimieren, abwenden und/oder heilen. All diese Behandlungsmethoden zielen darauf ab, die Selbstheilungskräfte des Körpers anzuregen und so zu unserem eigenen inneren Heiler zu werden.

Unabhängig davon rate ich dir jedoch, jedes körperliche oder seelische Leiden durch einen Arzt abklären zu lassen. Ich empfehle dir aber auch, die Verantwortung für deinen eigenen Körper und dessen Seele nicht nur in die Hände eines fremden Menschen zu geben. Fühle dich auch selbst dafür verantwortlich und handle danach.

6.1 Der Body-Scan

Der Body-Scan ist eine Methode, um tatsächliche körperliche Befindlichkeiten zu erspüren und wahrzunehmen. Zum Beispiel heiß, kalt, angespannt, entspannt, schwer, leicht, usw.

Der Body-Scan ist ein guter Einstieg, deinen Körper zu fühlen. Durch das Innehalten und bewusste Wahrnehmen deiner inneren und äußeren Befindlichkeit erhältst du wertvolle Informationen über dich.

Anleitung Body-Scan

Stelle dich bitte aufrecht hin,
nimm wahr, wie du mit beiden Beinen
hüftbreit auf der Erde stehst.
Beuge nun leicht deine Knie und atme tief ein und aus.

Während du weiteratmest,
lenke nun bitte deine Aufmerksamkeit
auf deinen Scheitel, dem höchsten Punkt deines Körpers.
Fühle dich langsam in deinen Körper ein.
Stelle dir nun bitte ein rundes, flaches Sieb vor,
das sich von oben nach unten durch deinen Körper
bewegt und alles registriert.
Du spürst, wie es durch deinen Körper gleitet,
manchmal schwerer, an anderen Stellen leichter.
Du beobachtest, was dieses Sieb registriert,
aber du verspürst keine Notwendigkeit,
deine Beobachtungen zu bewerten.

Du verfolgst, wie dieses Sieb durch deine Knochen,
Muskeln und Organe gleitet,
du registrierst, dass es sich dabei
ganz unterschiedlich anfühlt.
Du nimmst dieses Fühlen wahr ohne sie zu bewerten.

Du vertiefst dich in diese Aufgabe und folgst mit deiner
ganzen Aufmerksamkeit diesem Sieb.
Du bemerkst, wie es sich anfühlt,
wenn es die Übergänge von deinem Kopf in den Brustkorb,
von deinem Oberkörper in den Unterkörper,
vom Bauch in die Beine passiert.

Du schenkst deiner Wirbelsäule,
den daran befestigten Rippen und
deinem Becken ebenso Beachtung.
Du achtest darauf, ob sich deine Gelenke
an deinen Händen, Ellbogen, Schultern, Hüften,
Knie und Füßen dicht oder durchgängig anfühlen.
Wenn dieses Sieb bei deinen Füssen angekommen ist,
dann lass es bitte durch deine Fußsohlen
aus deinem Körper auf die Erde gleiten.

Nun benenne bitte die Körperzone,
die deine größte Aufmerksamkeit erregt hat.
Gehe mit deiner Aufmerksamkeit dorthin
und nimm wahr, was dort ist.
Lass bitte alles zu, was sich hier zeigt:
Farben, Formen, Bilder, Gedanken, Gefühle ...
all das dient dir, dich selbst besser kennenzulernen.

Lebensfreude

Bei meiner ersten Heldenreise, angeleitet durch Ulrike Dietmann, machte ich auch das erste Mal Bekanntschaft mit dem Body-Scan und seinen Auswirkungen. Ich bekam Monty als Übungspferd zugeteilt. Ich war zuversichtlich, die gestellte Aufgabe lösen zu können. Ich sollte Monty an einer bestimmten Stelle antraben. Beim Body-Scan bemerkte ich, dass sich meine linke Schulter auf Höhe des Schulterblattes sehr verspannt anfühlte. Ich fragte nach der Botschaft, die dieses Symptom für mich hatte.

„Öffne dein Herz!" war der Gedanke, der sich in mir in den Vordergrund drängte. Gleichzeitig entspannte sich mein Gesäß.

Ich visualisierte die Aufgabe, die ich mit Monty zu lösen hatte und führte sie mit ihm durch. Ich beherrschte mein Handwerk und daher gab es keine Probleme mit dem Pferd. Es tat, was ich von ihm wollte. Ulrike sah, dass dies keine Herausforderung für mich war. Ich konnte dabei ganz bequem in meiner Komfortzone verharren. Sie bat mich also, mich mehr auf mich und meine linke Schulter zu konzentrieren. Sie lud mich ein, meine Aufmerksamkeit, meinen Fokus zur Hälfte darauf auszurichten. Die andere Hälfte meiner Aufmerksamkeit sollte beim Pferd bleiben. Gleichzeitig sollte ich für die Übung den richtigen Zeitpunkt abwarten. Ich beobachtete mein Herz hinter meinem linken Schulterblatt während ich neben Monty auf den vorherbestimmten Punkt in der Reitbahn zuging. Plötzlich platzte meine Lebensfreude aus mir heraus! Ich hüpfte wie ein junges Pferd und Monty trabte ohne Hilfsmittel punktgenau an. Nun hüpfte er ebenfalls neben mir her, schüttelte seinen Kopf und war einfach nur lustig! Ich konnte es nicht glauben, dass mir das gelungen war, bremste das Pferd und probierte es wieder. Ich konnte es auch beim nächsten Mal! Ich dachte über die Bedeutung dieser Erfahrung nach und erkannte: meine Arbeit bekommt eine höhere Qualität, wenn ich Leichtigkeit und Lebensfreude einfließen lasse!

6.2 Der Atem

Im Kapitel 3 über die Hindernisse habe ich schon mehrfach beschrieben, was es mit dem Pferd macht, wenn wir im Kopf statt im Körper sind. Einen weiteren Zugang zu unserem Körper bietet die Beobachtung unseres Atems.

Im Normalfall müssen wir nicht bewusst ein- oder ausatmen, es passiert von selbst. Mit unserem ersten Atemzug als neugeborener Mensch startet dieser Vorgang und findet so selbstverständlich statt, dass wir uns nicht weiter darum kümmern. Manchmal jedoch gelangen wir in Situationen, die uns ‚den Atem nehmen'. Unser Atem stockt oder wir haben Angst, nicht mehr genug Luft zu bekommen. Unsere Gefühle drücken sich auch über unseren Atem aus und wenn wir nicht in Verbindung mit uns sind, kann uns das überfordern. Wenn du deinen Atem beobachtest, findest du sehr viel über dich selbst heraus:

Atmest du tief ein und aus, oder eher flach?

Hebt sich dein Brustkorb und/oder dein Bauch dabei?

Bewegen sich deine Rippen im Rhythmus des Atems?

Weitet sich dein ganzer Brustkorb oder nur Teile davon?

Hat deine Lunge genug Platz?

Hustest du oft und leicht?

Wie oft gähnst du?

... und im übertragenen Sinn:

Wie viel Lebensenergie nimmst du über den Atem auf?

In der Lehre von den fünf Elementen ist der Lunge das Element Metall zugeordnet. Der Zustand unserer Lunge zeigt uns, wie es um unsere Grenzen bestellt ist. Wie viel persönlichen Raum wir uns selbst und unseren Mitmenschen oder anderen Lebewesen zugestehen können. Ob und wie wir die Fülle des Lebens annehmen können.

6.3 Das Herz

Einen wunderbaren Zugang zu unserem Körper finden wir auch über unser Herz. In der Lehre von den fünf Elementen ist dem Herz das Element Feuer zugeordnet. Dort finden wir nicht nur die Liebe und die Freude, sondern auch die Klarheit und das Bewusstsein. Du kannst dir deiner eigenen Herzenskraft bewusst werden und jederzeit mit ihr in Kontakt treten! Wenn dein Herz sich öffnet, kann diese unerschöpfliche Quelle deiner Kraft sich zeigen und fließen.

Herzraum-Mediation

Suche dir bitte einen Ort, an dem du ungestört bist. Setze dich aufrecht in bequemer Haltung hin. Schließe deine Augen und atme dreimal tief ein und aus. Nun begib dich auf deine Reise zu deinem persönlichen Herzensraum.

Schau nach innen und sieh, wie sich dein Inneres als eine Landschaft zeigt. Was siehst du? Berge, Flüsse, grüne Wiesenoder Steppe, Wüste, Schnee, ...?

Leben dort Tiere und wenn ja, welche? Was auch immer du siehst, lass es auf dich wirken, ohne es zu bewerten.

Dann sieh dich um, wo befindet sich dein Herzensraum? Ist es ein Haus, eine Burg, ein Schloss,eine Höhle, ein Zelt, ein Nest? Ist dieser Raum leicht zu finden, oder liegt er versteckt? Kannst du diesen Raum entspannt betrachten oder macht es dir Stress? Kannst du dich darauf zu bewegen und fühlt es sich gut an oder hemmt dich etwas?

Nimm wahr, wie es sich für dich anfühlt, dich deinem Herzensraum zu nähern. Wenn du Angst oder eine andere Aufregung außer Freude verspürst, dann geh so viele Schritte wieder zurück, bis es sich für dich wieder gut anfühlt und betrachte deinen Herzensraum von außen.

Betrachte ihn solange, bis du wieder in der Lage bist, dich anzunähern. Gehe nur so weit, wie es dir entspannt möglich ist. Wiederhole diesen Vorgang von sich nähern, stehenbleiben, beobachten, entspannen, sich wieder nähern, bis du vor dem Eingang zu deinem Herzensraum stehst.

Nun stehst du vor deinem Herzensraum und betrachtest den Eingang. Gibt es eine Tür, eine andere Art von Abtrennung oder eine Öffnung? Brauchst du einen Schlüssel oder lässt sich dein Herzensraum einfach so betreten? Wenn sich ein Hindernis zeigt, dann überlege dir, was du brauchst, um dieses Hindernis zu überwinden.

Du betrittst nun deinen Herzensraum. Wie fühlt sich das an? Ist es hier drinnen dunkel oder hell? Gibt es ein Fenster oder eine andere Öffnung, durch das Licht den Raum erhellt? Oder ist es dunkel und du brauchst eine andere Lichtquelle?

Du lässt deinen Blick schweifen und nimmst wahr, wie dieser Raum aussieht. Eng oder weit, düster oder hell, voller Spinnweben und unaufgeräumt oder sauber und freundlich, kalt oder warm, usw.

Du betrachtest den Boden und die Wände, lässt deinen Blick nach oben und um dich schweifen. Du nimmst alles wahr und du bewertest es nicht. Du folgst mit deiner Aufmerksamkeit deinen Gefühlen.

Hat dieser, dein Herzensraum, schon alles, was du brauchst, um dich hier wohlzufühlen? Gibt es schon die Einrichtung, die diesen Raum für dich wohnlich macht? Hier musst du keine Kompromisse mit irgendjemandem machen! Nur du allein entscheidest, wie dein Herzensraum eingerichtet ist!

Wenn dein Herzensraum noch keine Tür hat, kannst du dir überlegen, wie du ihn vor ungebetenen Gästen oder Eindringlingen schützt!

Dein Herzensraum ist nicht öffentlich!

Für Partner, Kinder, Familie und Freunde gibt es eigene Räume! Mach diesen Raum zu einem Raum, in dem du dich gerne aufhältst!

Wenn dein Herzensraum nun zu deiner vollkommenen Zufriedenheit gestaltet und eingerichtet ist, dann begib dich zum Fenster oder zu deinem Eingang und betrachte die Landschaft davor. Hat sich etwas verändert?

Kannst du die Menschen und Tiere sehen, die dir wichtig sind und die Unterstützung für dich bedeuten?

Macht es dich glücklich, wenn du sie siehst? Du kannst dich jederzeit dafür entscheiden, sie zu besuchen, aber du hast auch die Freiheit, dich jederzeit in deinen Herzensraum zurückzuziehen und dort aufzutanken!

Nun nimm drei tiefe Atemzüge und kehre wieder ins Hier und Jetzt, in deine Gegenwart zurück. Lächle dir selbst zu und freue dich, dass du jederzeit in deinem Herzensraum einkehren kannst und willkommen bist!!!

7 Innere Zerrissenheit

Für jeden von uns kommt der Moment, wo wir an Wegkreuzungen des Lebens stehen und nicht mehr wissen, wie und wohin es weitergehen kann. Einen Weg zurück gibt es möglicherweise nicht oder wir wissen, dass wir diesen Teil des Lebens zurücklassen müssen. Ziel und Herz geraten in Widerspruch und das wirft dich aus der Bahn. Dieser Widerspruch ist spannungsgeladen und löst ein Gefühl der inneren Zerrissenheit aus.

Widersprüche sind auch kostbar, sie sind eine kreative Kraft unserer Seele. Wir müssen einfach mehr Geduld aufbringen mit unseren inneren Widersprüchen und mit ihnen in Austausch treten.

Wenn wir also dem Gefühl der Zerrissenheit nicht ausweichen, sondern alle Elemente aufmerksam betrachten, um sie kennenzulernen, dann wird sich auch eine echte Lösung zeigen.

Risikobereitschaft

Seinem Ruf zu folgen ist manchmal eine schnelle Entscheidung, ganz oft jedoch ist es eine lebenslange Aufgabe. Das innere Auge sieht eine Vision und nun sind wir unser ganzes Leben lang damit beschäftigt, diese Vision umzusetzen. Oft verlässt uns zeitweise der Mut und wir stellen damit auch unsere Vision in Frage.

Das Frühjahr brachte für mich einen Haufen Probleme. Diese hatten sich schon lange angekündigt, aber ich war nicht in der Lage, die Ursachen auszumerzen. Das Dach meines gepachteten Stalles war schon über achzig Jahre alt und stellenweise undicht. Mein Verpächter tauschte zwar immer wieder einzelne kaputte Schindeln aus, aber eigentlich hätte das Dach schon seit langem eine Generalsanierung gebraucht. Bei Regenwetter inspizierte ich mein Heu mit Argusaugen und rollte auch immer wieder einen oder mehrere Ballen auf einen anderen Platz. Trotzdem konnte ich nicht verhindern, dass mein Heu stellenweise feucht wurde. Im Verborgenen begann der Schimmelpilz sein Werk. Ich war mir durchaus der Unzulänglichkeiten des Stalles bewusst und suchte schon seit geraumer Zeit nach einer anderen Bleibe für meine Pferde. Wenn man mit einem oder zwei Pferden umziehen möchte, stellt das an sich kaum ein Problem dar. Aber ich hatte sechs eigene und drei einstellte Pferde in der Reitschule. Aus Kostengründen wollte ich sie auch selbst versorgen. Alles, was ich bis jetzt besichtigt hatte, war entweder zu teuer, zu weit weg, zu klein oder aus anderen Gründen nicht geeignet. Die Suche war zermürbend und frustrierend!

Eine langjährige Freundin bot mir im Herbst an, für meine und ihre Pferde einen neuen Stall auf ihrem Hof zu bauen. Das konnte ich mir gut vorstellen, immerhin erfüllte der Standort einige meiner wichtigsten Bedingungen. Seitdem kämpfte sie mit den örtlichen Behörden um eine Genehmigung. Es war noch immer keine Lösung in Sicht. Auch das frustrierte mich zunehmend und irgendwann glaubte ich nicht mehr an unser Projekt. Zu allem Überfluss hatten zwei Pferde schon einige Wochen Atemwegsprobleme. Diese äußerten sich in mehr oder weniger starken Hustenanfällen. Die homöopathische Behandlung half nur bis zu einem gewissen Grad. Ich begann das Heu für diese zwei Pferde zu wässern. Das bedeutete für mich einen enormen zusätzlichen Zeit- und Arbeitsaufwand.

Ende März hatte meine Stimmung endgültig seinen Tiefpunkt erreicht. Es war ein schwarzer Tag, denn jetzt bekam auch ein drittes Pferd keine Luft mehr. Randver brauchte dringend tierärztliche Behandlung und musste ebenfalls mit nassem Heu ernährt werden. Widersprüchliche Gefühle tobten in meinem Inneren. In der darauffolgenden Nacht begann auch außen der Sturm zu toben. Es war ein Sturm, der alles durcheinanderwirbelte. Er riss die Schindeln vom Dach und der über hundert-jährige Birnbaum schwankte bedrohlich. Alles, was nicht niet- und nagelfest war, war in Bewegung!

Auch in meinem Inneren war alles in Bewegung, waren alle Überzeugungen am Prüfstand. Mache ich weiter oder höre ich auf? Wovon lebe ich dann? Ich klammerte mich an den maroden Stall, weil ich nicht wusste, wohin ich sonst gehen konnte. Ich suchte nach Ideen und Möglichkeiten, um auf andere Art Geld für mich und meine Pferde zu verdienen. Ich erbat mir Hilfe und bekam zu hören, dass ich doch durch Schlachtung meiner älteren Pferde die Herde verkleinern könnte. Ich überlegte, mich von meinen Einstellern zu trennen, aber dann bräuchte es ein Einkommen aus einer anderen Quelle, aber welcher? Es war zum Haare raufen! Ich fand keine Lösung und wurde immer deprimierter.

Die erste Schwalbe torkelte durch den Stall, wahrscheinlich war sie auf den Flügeln des Sturmes geritten. Ich nahm sie vorerst einmal als gutes Vorzeichen und bemerkte, dass Randver schon etwas besser Luft bekam. Trotzdem quälte ich mich weiterhin. Ich wusste, dass ein Neuanfang unausweichlich war, aber ich fürchtete mich davor, weil ich nicht wusste, wie ich ihn bewältigen sollte. Tief in mir fehlte mir das Vertrauen, dass alles gut werden würde.

Tagelang stürmte es draußen und auch in mir drinnen. Es war meine heftigste Zerreißprobe. Der Sturm wurde schwächer. Ich dachte über Randver nach und erkannte, dass er wie ein Komet für mich ist. Ein Bote, der Veränderung ankündigt, wie der Stern von Bethlehem. Seine Kraft ist Lebenslust und Neugier. Ich beschloss, diese Kometen-Kraft in mein Leben einfließen zu lassen. Am nächsten Tag war der Sturm vorbei, ein strahlender Sonnentag brach an. Während dem Ausmisten grübelte ich nach, wie ich denn den Neuanfang gestalten könnte. Als ich meinen Kopf hob, stand ich vor Falki. Er beobachtete mich aufmerksam.

„Also", sagte ich zu ihm, „gib mir doch bitte einen Rat, wie ich meine jetzige sorgenvolle Situation bewältigen kann?" Er drehte seinen Kopf zu mir, schaute mich an und pfurzte.

„Na ja," sagte ich belustigt, "da hab ich schon bessere Ratschläge gehört!" Doch dann wollte ich es genau von ihm wissen:

„Okay, ich soll wohl loslassen. Und wie weiter?" Falki drehte sich von mir weg und ging ganz langsam drei kleine Schritte vorwärts, blieb stehen und kaute ab.

„Also gut", nahm ich seinen Rat an, „alle Sorgen loslassen, in kleinen Schritten vorwärts gehen und den Mut nicht verlieren!" Ich fühlte mich getröstet. In den darauffolgenden Wochen lösten sich langsam aber sicher alle Probleme. Den Pferden ging es gesundheitlich besser und dem Bauantrag meiner Freundin wurde endlich stattgegeben.

Ich erkannte, dass meine innere Vision noch immer klar und hell war und wenn ich genug Mut hatte, konnte ich sie jederzeit verwirklichen. Der Sturm hatte nur die äußeren Umstände durcheinandergewirbelt und dafür gesorgt, dass ich eine andere Perspektive einnehmen konnte. Im Vertrauen darauf, dass eine gute Lösung sich selten von heute auf morgen zeigt, konnte ich den Fortschritt in kleinen Schritten akzeptieren. Ich hatte den Mut, die Vorstellung von der perfekten Lösung loszulassen und erhielt einen gangbaren Weg.

Der erste Schritt

Michael hatte eine klare Vorstellung davon, wie sein Leben in etwa zehn Jahren aussehen sollte. Er wusste, was er beruflich und privat erreichen wollte. Er konnte mir seine Vision lebhaft in allen Details beschreiben. Seine derzeitige Situation sah jedoch ganz anders aus. Er war frustriert. Er fühlte, dass ihn etwas massiv daran hinderte, seiner Vision näher zu kommen.

Ich bat ihn, mir die Vorteile seiner jetzigen Lebenssituation zu schildern.

„Ich fühle mich sicher, weil mir alles bekannt ist. Ich weiß, was mich erwartet. Ich habe es mir einfach in meiner Komfortzone bequem gemacht."

„Warum möchtest du dann etwas daran ändern?", fragte ich ihn.

„Weil es mir wichtig ist, dass meine Vision Wirklichkeit wird!", antwortete er mir. Er fühle sich zerrissen, sagte Michael, er stehe an einem Wendepunkt seines Lebens. So wie bisher könne es nicht mehr weitergehen, aber die unbekannte Zukunft mache ihm Angst. Es wäre ein Aufbruch in ein Abenteuer.

„Der erste Schritt in dieses unbekannte Land ist sehr, sehr schwer für mich. Ich kann mich nicht dazu überwinden. Ich frage mich, ob er denn wirklich notwendig ist? Ich frage mich, ob denn nicht auch weniger reicht? Ich glaube, ich könnte mich auch mit weniger zufrieden geben." Nun waren wir also bei einem seiner Glaubenssätze angelangt. Der Glaubenssatz, der ihn daran hinderte, im Leben vorwärts zu gehen.

Michael betrachtete diesen Glaubenssatz und er erschien ihm wie ein riesiges Paket, an dem er schwer zu schleppen hatte. Er fühlte das Gewicht und erkannte, dass er sich mit dieser Last nicht auf den Weg machen konnte. Er beschloss, das Paket vorerst einmal abzustellen. Nun betrachtete er es eingehend.

„Einerseits fühle ich, wie stark meine Vision, mein Herzenswunsch ist und dass ich dem unbedingt näherkommen möchte. Andererseits fühle ich auch, wie viel Angst ich davor habe, den ersten Schritt zu machen. Es würde bedeuten, dass ich mein altes Leben, meine Sicherheit hinter mir lassen müsste. Beide Gefühle sind annähernd gleich stark." Ich fragte Michael, was ihn denn unterstützen könnte, um seine Angst zu überwinden.

„Ich bräuchte jemanden oder etwas, der oder das mir die Hand reicht und dem ich vertrauensvoll folgen kann."

„Wer oder was könnte das denn sein?", fragte ich ihn. Michael dachte lange nach. Er horchte nach innen und folgte seiner Intuition. Schließlich antwortete er mir:

„Wenn ich mich dem Leben anvertraue, kann ich meine Angst überwinden! Dann kann ich das Paket umgehen und es hinter mir lassen. Dann ist der erste Schritt zwar noch immer eine Überwindung, aber machbar. Und ich komme meiner Vision um genau diesen Schritt näher!" Er begann zu gehen. Nach ein paar Metern drehte er sich um und betrachtete das zurückgelassene Paket.

„Da gibt es noch einen Rest von der Paketschnur, der an mir haftet", berichtete er, „es fühlt sich wie eine Nabelschnur an."

„Eine Nabelschnur dient der Versorgung des Körpers", meinte ich, „womit versorgt sie dich denn?" Wieder dachte Michael lange nach und spürte in seinen Körper hinein. Er betrachtete Falki, der sich uns inzwischen interessiert genähert hatte und ihn aufmerksam ansah.

„Die Verbindung zum Paket nährt meine Angst. Aber die Verbindung zum Leben, wenn es mir die Hand reicht, nährt mein Vertrauen. Aber alleine schon, dass ich meine Angst bewusst wahrnehme, verändert mein Verhältnis zu ihr. Ich kann diese Verbindung zum Paket lösen, meine Nabelschnur in meinen Nabel hineinziehen und spüre plötzlich eine große zentrale Kraft in mir. Ich bin in der Lage, mich für das Leben zu entscheiden."

Falki tat das, was alle Pferde tun, wenn die Menschen bei sich und ihrem authentischen Gefühl ankommen. Er nickte, leckte sein Maul und kaute.

Michael begann entschlossen vorwärts zu gehen. Erstaunt sah ich, dass er plötzlich viel größer erschien. Seine ganze Körperhaltung hatte sich verändert. Die ganze Herde hatte diesen Prozess der Bewusstwerdung von unterschiedlichen Plätzen aus mitverfolgt. Als Michael schließlich vor Gambri stehenblieb, stupste ihn dieser am Nabel an und gähnte mehrmals hintereinander.

Einige Wochen später trafen wir uns wieder und ich fragte ihn, ob sich denn etwas verändert hätte. Seine Hüften fühlen sich viel freier an, antwortete er mir. Er empfinde sich im Vergleich zu früher als standfester und sicherer auf den Beinen. Er lasse sich nun nicht mehr von Anderen ‚vor deren Karren spannen'.

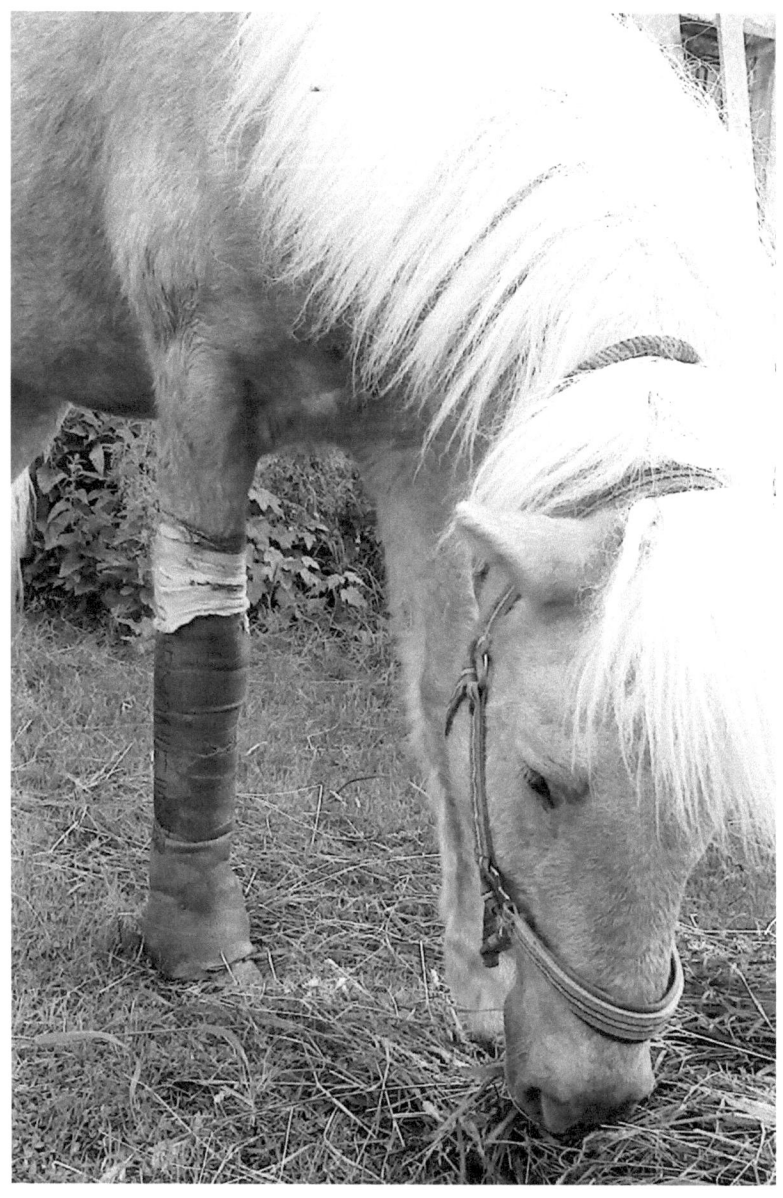

8 Scheitern

Scheitern ist ein äußerst unbeliebtes Lebenskapitel. Wir alle wollen erfolgreich sein und gut dastehen. Scheitern ist etwas für Verlierer, für gescheiterte Existenzen. Scheitern nagt an unserem Selbstwert, es gibt uns der Lächerlichkeit preis und stürzt uns in tiefe Depression. Scheitern ist in unserem Denken negativ belegt.

Scheitern kann uns in tiefste Verzweiflung stürzen, weil wir denken, dann nichts wert zu sein, weil wir nicht erfolgreich waren. Scheitern ist ein Gedankenmodell des Mangels. Ich habe nicht genug getan, ich bin zu dumm, ich kann nicht genug, usw. Doch niemand, der diese Gedanken über sich selbst denkt, möchte, dass dies allgemein bekannt wird. Wir versuchen also, dem Scheitern auszuweichen oder uns selbst und unsere Umgebung darüber zu täuschen.

Für mich ist Scheitern eine Erfahrung. Oder noch besser, scheitern ermöglicht mir, andere Erfahrungen zu machen. Scheitern dient der Auflösung von Selbsttäuschungen. Scheitern macht mir bewusst, wenn sich mein Ego in mein Leben einmischt. Scheitern macht mir bewusst, wie ich über Scheitern denke und wie ich mich selbst und andere Menschen be- oder verurteile.

Ziel verfehlt

Ich bin selbständig und immer wieder erlebe ich Zeiten, in denen meine finanzielle Situation angespannt ist. Zeiten, in denen sich meine beruflichen Ziele nicht so verwirklichen lassen, wie ich es mir wünsche. Ich erinnere mich an so einen Tag, an dem ich mit dem Vorhaben aufbrach, meine Werbeunterlagen wieder einmal gezielt zu verteilen. Ich wusste, welche der sonst benutzten Straßen ich vermeiden wollte, weil dort langfristige

Baustellen eingerichtet waren. Offensichtlich war ich mit meinen Gedanken jedoch ganz woanders und prompt stand ich vor dem ersten Umleitungsschild.

Ich war über mich und meine Unachtsamkeit verärgert. Ich murrte wegen des längeren Umwegs, den ich nun vor mir hatte und lenkte mein Auto in die neue Richtung. Aber auch auf dieser Strecke war mir das Glück nicht hold. Eine weitere Umleitung zwang mich dazu, die geplante Richtung aufzugeben. Nur gut, dass ich alleine im Auto war und nach Herzenslust meinem Unmut freien Lauf lassen konnte. Mittlerweile hatte ich auch schon einen größeren Zeitverlust. Ich war mir nicht mehr sicher, ob ich alle meine Vorhaben an diesem Tag verwirklichen konnte.

Als ich jedoch nach einigen Kilometern vor der dritten Umleitungstafel stand, war es aus mit meiner Selbstbeherrschung. Ich war wütend, haderte mit meinem Schicksal, tobte und weinte – aber ich fuhr weiter. Nach einiger Zeit fiel mir dieser merkwürdige Kontrast auf und ich begann, darüber nachzudenken. Eine einzige Unachtsamkeit hatte dazu geführt, dass ich scheiterte. Ich konnte meine Vorhaben für diesen Tag nicht erfolgreich verwirklichen. Ich hatte das Gefühl, dass sich alles gegen mich verschworen hatte. Am liebsten hätte ich aufgegeben und mich verkrochen, aber fuhr ich weiter meinem Ziel entgegen. Es gab keinen Zweifel in mir, dass ich das trotzdem durchziehen wollte.

Ich verglich mein ganzes Leben mit dieser Fahrt auf Umwegen. Wie oft schon war es so, dass ich mich ‚verfahren' hatte. Ich war in Sackgassen gelandet. Das, was ich tat, erschien mir und anderen sinnlos, nur weil es keinen greifbaren Erfolg mit sich brachte. Trotzdem hielt ich eigensinnig daran fest, weiter zu machen , einem vermeintlichen Umweg zum Trotz. Obwohl mein Verstand mir suggerierte, dass eh alles umsonst sei, wusste ich tief in meinem Inneren, dass ich gar nicht aufgeben konnte. Ich wusste, dass ich der mir gestellten Lebensaufgabe folgen musste, auch wenn sich mir noch so viele Hindernisse in den Weg stellten.

Ein Umweg ist nicht nur etwas, das uns Zeit und Energie kostet, ein Umweg ermöglicht uns auch, unseren Standpunkt zu verändern. Wir können das Ziel aus einer geänderten Perspektive heraus betrachten und uns ihm von einer noch nicht gekannten Seite nähern.

Ein Umweg birgt die Chance, uns mit einer Situation auf eine neue Art und Weise auseinanderzusetzen. Wenn ich mit dem Kopf durch die Wand möchte, werde ich scheitern. Aber ich habe die Möglichkeit, die Methode zu verändern, um die Wand zu bezwingen.

Scheitern macht Spaß!

Während meiner Ausbildung zur Heldenreise-mit-Pferden-Trainerin nahm ich als Assistentin an einer Heldenreise, unterrichtet von Ulrike Dietmann, teil. Die Teilnehmerinnen waren wunderbare Frauen. Sie waren einzigartig in ihrem Menschsein und in ihrer Bereitschaft, sich auf die Heldenreise zum Thema „Ein Reise in die innere Wildnis" einzulassen. Es war berührend zu erleben, wie die Frauen Verbindung zu den Pferden aufbauten. Ebenso sehenswert war es, wie die Pferde wiederum den Gedanken- und Gefühlsprozessen der Frauen mit großer Aufmerksamkeit folgten.

Nun hatten Ulrike und ich den drei Frauen eine gemeinsam zu lösende Aufgabe gestellt. Sie sollten das Islandpferd Bjola gemeinsam als Gruppe dazu bringen, sich im Roundpen vorwärts zu bewegen. Die vorbestimmte Aufgabe beinhaltete eine Runde Schritt, eine Runde Trab und danach wieder eine Runde Schritt. Die Frauen durften sich vorher und auch dazwischen beraten. Es war ihnen erlaubt, sich eine Strategie zurechtlegen und diese auch wieder zu wechseln, wenn es ihnen notwendig erschien.

Mit der Auswahl von Bjola hatten wir ihnen für die Erfüllung der Aufgabe sozusagen einen großen Stein in den Weg gelegt.

Bjola ist eine weise, alte Stute und sehr darauf bedacht, keinen Schritt zuviel zu machen. Außerdem legt sie sehr großen Wert darauf, dass wir Menschen im authentischen Gefühl sind, mit Ehrgeiz kommt man bei ihr nicht weit. Das Schauspiel, das die vier Akteurinnen uns nun boten, war durchaus sehenswert. Bjola ließ sich sozusagen jeden Schritt ‚aus der Nase ziehen'. Sie animierte die Frauen zu höchster Kreativität. Sogar eine Blechtonne musste als Trommel herhalten, mit dem Ziel, Bjola's Rhythmus zu beschleunigen. Aber immer schwang im Untergrund der Ehrgeiz mit, das gestellte Ziel zu erreichen. Bjola sah aus, als ob sie schmunzelte! Sie konnte warten.

Langsam wich die Begeisterung der drei Frauen einem deutlichen Frust. Schlussendlich hockten alle drei vor Bjola und sinnierten über ihr Scheitern nach. Sie hatten alles versucht, um das gestellte Ziel zu erreichen. Aber sie hatten übersehen, dass schon der Weg das Ziel war. Sie erkannten, dass in ihrem Tun keine echte Freude war, weil das erfolgreiche Erfüllen der Aufgabe im Vordergrund stand. Und als sie endlich bei ihren authentischen Gefühlen angekommen waren, machte die Stute plötzlich einen Schritt auf sie zu. Die Frauen waren noch immer in der Hocke und bewegten sich instinktiv ebenfalls einen Schritt zurück. Sie waren überrascht. Aber sie freuten sich auch, dass Bjola sich nun von sich aus vorwärts bewegt hatte. Die Stute folgte ihnen und die Frauen machten wieder Platz. Nun war das Eis gebrochen. Bjola machte einen Schritt um den anderen und die Frauen hüpften wie Frösche rückwärts. Sie waren sich ihres unfreiwillig komischen Auftrittes durchaus bewusst, ließen sich jedoch nicht beirren. Unser aller Gelächter schallte durch den Roundpen und ich schwöre, Bjola hatte ebenfalls ein prächtiges Grinsen im Gesicht! Sie hatte ihr Ziel erreicht und diese Weisheit gab sie den Dreien mit:

„Scheitern macht Spaß!"

Umwege

Kannst du die Umwege des Lebens als Chance betrachten, etwas Neues über dich und deinen Weg zu erfahren? Dann stellt sich eine ungeliebte Schicksalswendung als Bereicherung dar. Scheitern verwandelt sich vom gefühlten Mangel in ein Wissen um Fülle.

Sabine war mit ihrem Pferd an einem Punkt angelangt, an dem es ihr ohne Seil am Reitplatz frei überallhin folgte. Sie freute sich sehr darüber, beklagte sich aber gleich darauf, dass ihr das mit Seil nicht gelingen wollte. Dann nämlich stemmte er die kräftigen Beine in den Boden und machte den Hals lang. Wenn sie am Seil zog, rührte er sich nicht von der Stelle. Sabine fühlte sich ‚verarscht', weil sich der Wallach von anderen Personen durchaus bewegen ließ. Sie selbst fühlte sich frustriert und an der von ihr selbst gestellten Aufgabe gescheitert.

„Ich verstehe das nicht", teilte sie mir verärgert mit.

„Ich weiß, dass mein Pferd das kann, aber ich bringe das nicht mit ihm zusammen! Ich möchte ihn mit Bodenarbeit gymnastizieren, ich möchte mit ihm spazieren gehen und irgendwann auch einmal auf ihm reiten. Nun sieht es aber so aus, als ob das nix mit uns wird, weil er sich gar nicht für mich interessiert." Ich betrachtete beide nachdenklich und wartete auf einen gedanklichen Impuls, der ihnen weiterhelfen könnte. Vor meinem inneren Auge sah ich, wie das Pferd ihr ohne Seil mit großer Aufmerksamkeit und Interesse folgte, egal welche Richtung sie ging. Ich fragte sie:

„Kannst Du mal so tun, wie wenn du kein Führseil in der Hand hättest und einfach losgehen? Könntest du, wenn er sich dagegenstemmt, einfach nur eine völlig andere Richtung einschlagen, als du davor vorgehabt hast? Wie wäre es, wenn du deinem eigenen Bewegungsimpuls folgst und deinem Pferd diesen Bewegungsimpuls anbietest?" Sabine konnte all das und ihr Pferd konnte es auch. In völlig unvorhersehbaren

Zickzacklinien und Fantasiemustern bewegten sie sich auf dem Platz und hatten Spaß an diesem seltsamen Spiel. Gemeinsam trainierten sie gleichzeitig Aufmerksamkeit und Wendigkeit im Schritt und später sogar im Trab. Der Wallach lief entspannt schnaubend und kauend neben ihr und Sabine strahlte:

„Wow! Ich hätte nie gedacht, dass ich meinem Ziel ausgerechnet durch Umwege nahekommen würde! Ich dachte immer, geradewegs darauf zu wäre der richtige Weg. Wenn ich das nicht schaffte, fühlte ich mich minderwertig. Aber jetzt kann ich es mir erlauben, auch mal andere, scheinbar entgegen gesetzte Möglichkeiten auszuprobieren. Ich kann darauf vertrauen, dass mich diese auch an mein Ziel bringen!"

Das Leben „ausprobieren"

Ich war mit Manfred zum Ausreiten verabredet. Es war ein heißer Sommermorgen, doch ein leichtes Lüftchen und der Schatten im Wald sorgte für einen angenehmen Ausflug. Danach beobachteten wir die Pferde auf der Koppel. Manfred hatte etwas auf dem Herzen und begann das Gespräch:

„Ich möchte so gerne unseren Bauernhof übernehmen und meine Vorstellungen verwirklichen. Doch meine Eltern legen sich quer. Seit Jahren geht das nunmehr so und das frustriert mich! Ich erkenne, dass da ein großer Widerspruch zwischen ihrer und meiner Lebenshaltung ist. Ich will etwas weiterbringen, ich finde, es lohnt sich, wenn man sich anstrengt, um etwas zu erreichen! Meine Eltern hingegen finden, dass weniger auch reicht." Ich antwortete:

„Stell dir doch bitte vor, dass du mit deinem Pferd antraben möchtest. Wie groß ist dein energetisches Engagement, wenn du denkst, dass weniger auch reicht?" Manfred schüttelte den Kopf.

„Das wird nix! Aber wenn ich es wirklich will und mich dafür auch anstrenge, dann wird mein Pferd auch antraben, das weiß ich!"

„Genau", pflichtete ich ihm bei, „so ist es auch im Leben! Du kannst dich von deinem Pferd gemütlich im Schritt durch die Gegend tragen lassen. Aber wenn du auch mal das erregende Gefühl eines flotten Galopps erleben möchtest, dann musst du auch etwas dafür tun."

„Ich finde es sehr schwierig, mich den Wünschen meiner Eltern entgegenzustellen." Ich antwortete ihm:

„Ich glaube, die wichtigste Erkenntnis dabei ist, dass du trotzdem deine Eltern lieben kannst, auch wenn du nicht ihre Lebenseinstellung teilst! Und das ermöglicht dir, dich frei zu entscheiden!" Manfred sah mich sinnend an.

„Jetzt ist mir klar, warum ich reiten lernen wollte: Reiten ist wie ‚leben' auszuprobieren! Es gelingt mir nur, wenn ich mit mir selbst in Verbindung bin, wenn ich bereit bin, etwas dafür zu investieren, wenn ich mich anstrenge und über mich selbst hinauswachse." Eine Weile war es ruhig zwischen uns, dann fuhr er fort:

„Wenn ich meinen Eltern zuliebe deren Lebenseinstellung folge, frustriert mich das und ich werde scheitern. Wenn ich es mir jedoch erlaube, anders zu denken, als meine Eltern das tun, dann habe ich genug Antriebskraft für meine Projekte!" Er atmete befreit auf und lächelte.

9 Wachse über dich selbst hinaus

Opfer und Transformation sind in der Heldenreise das wichtigste Thema, hier findet unsere tatsächliche Veränderung statt. In unserer Gedankenwelt ist es meistens so, dass wir ‚ein Opfer bringen' damit verbinden, dass wir auf etwas verzichten müssen, ohne etwas dafür zu bekommen. Aber das ist nur die halbe Wahrheit. Die andere Hälfte der Wahrheit ist, dass uns das Opfer verändert.

Wenn wir über uns selbst hinauswachsen und uns verändern, erfahren wir die Fülle. Wir erkennen, dass uns ein ‚Schatz' geschenkt wird. Etwas zu opfern tut weh. Etwas zu opfern wird dir niemals leicht fallen. Etwas zu opfern kostet dich immer Überwindung.

Die Natur hat für uns ein wunderbares Bild für das Wesen der Transformation, der Verwandlung bereit. Es ist das Bild einer Raupe, die sich zum Schmetterling verwandelt.

Eine Raupe lebt ihr Leben als Raupe und frisst sich an Blättern satt. Doch tief in ihrem Inneren gibt es noch ein weiteres Lebensziel. Aus dieser Raupe soll ein Schmetterling werden, ein farbenfrohes Wesen der Lüfte. Damit diese Verwandlung jedoch stattfinden kann, muss sich die Raupe verpuppen und ihre alte Haut abwerfen. Die Raupe muss als Raupe sterben, damit sie ein Schmetterling werden kann. Wenn sie nicht bereit ist, dieses Opfer zu bringen, wird sie niemals als Schmetterling die Welt erobern können und ihre Bestimmung erfüllen.

Wer sein altes Leben loslassen und dabei über sich und seine Ängste hinauswachsen kann, erhält vom Leben das Geschenk der Fülle.

Erwachsen werden

Als Lisa zu mir kam, war sie sehr ängstlich. Sie hatte einen Reitunfall zu verarbeiten und ritt lieber langsam, als schnell. Nun, damit konnten sich meine isländischen ‚Mitarbeiter' gut arrangieren und machten es sich mit ihr gemütlich. Lisa ließ sich im Stuhlsitz von ihnen tragen. Mittlerweile war Lisa zwölf Jahre alt, an der Schwelle zum Erwachsenwerden. Sie ritt schon seit mehr als einem Jahr bei mir. Zum größten Teil hatte sie ihre Ängste überwunden, aber es gab trotzdem noch einige Dinge, die ihren reiterlichen Fortschritt bremsten. Sie hatte ein großes Herz und liebte alle Pferde. Sie bemühte sich sehr, alles richtig zu machen. Trotzdem wirkte sie im Umgang mit den Pferden und beim Reiten immer abwesend, wie wenn sie mit ihren Gedanken ganz wo anders wäre. Wenn ich ihr etwas sagte, musste ich dies immer zweimal tun, bevor sie mich wahrnahm und antwortete.

Ab einem bestimmten Zeitpunkt reiterlichen Könnens lege ich sehr viel Wert auf selbständiges Denken und Handeln beim Reiten. Wenn ich aus diesem Grund immer wieder ihr Handeln hinterfragte, erhielt ich sehr oft diese Antworten:

„Ich weiß nicht", oder „Keine Ahnung!" Das alles war einer reiterlichen Weiterentwicklung nicht zuträglich. Ich befragte ihre Mutter über den privaten Hintergrund. Dabei erfuhr ich, dass Lisa in der Schule und zuhause mit den gleichen Problemen konfrontiert war.

In den darauffolgenden Osterferien, einer Zeit ohne schulischen Druck, vertieften wir das Thema noch einmal. Ich hatte Lisa erklärt, dass Bahnfiguren beim reiten sinnvoll sind. Sie dienen dazu, dass man als Reiter selbst überprüfen kann, ob man sein Pferd tatsächlich punktgenau lenken und bremsen kann. Die Bahnfiguren, die sie mir in dieser Reitstunde anbot, waren phantasievolle Eigenkreationen. Außerdem musste ich fast jeden Satz wiederholen und hatte es wieder einmal mit einer ‚ahnungslosen' Schülerin zu tun. Ich spürte, wie ich sauer wurde. Aufgebracht dachte ich, dass ich es anscheinend mit einem Kleinkind statt mit einer Zwölfjährigen zu tun hatte. Genau damit hatte ich für mich die Situation auf den Punkt gebracht. Lisa wollte nichts anderes als erhöhte Aufmerksamkeit von mir, auch wenn sie negativer Art war. Ich fragte sie daher:

„Du hast doch zwei jüngere Geschwister im Kindergarten- und Schulanfänger-Alter. Würde dir das denn gefallen, wenn du auch in deren Alter wärst?" Lisa strahlte auf.

„Das wäre richtig toll! Dann bräuchte ich nicht immer die Große sein! Ich müsste nicht so viel für die Schule lernen und hätte viel mehr Zeit für mich und zum Spielen!" Da war die Energie, die ich so lange an ihr vermisst hatte! Ich fragte weiter:

„Möchtest du dein ganzes Leben, auch als Erwachsene, wie ein Kleinkind betüddelt und bevormundet werden?" Überrascht sah sie mich an.

„Nein, das möchte ich nicht! Ich möchte dann schon als Erwachsene behandelt werden."

„Okay", fuhr ich vorsichtig fort, „auf was musst du denn dann verzichten?"

„Keine Ahnung!" Ich zog die Augenbrauen hoch, musterte sie und sagte:

„Genau." Sie sah mich verwirrt an und ich ergänzte:

„Genau darauf musst du dann verzichten!" Lisa verzog enttäuscht ihr Gesicht, aber sie wusste genau, was ich meinte.

„Was bekommst du denn, wenn du keine Ahnung hast?", fuhr ich fort.

„Aufmerksamkeit?" fragte sie vorsichtig zurück.

„Ja, und wenn ich alles zweimal sagen muss, bis du mich hörst? Was bekommst du dann?" Sie verzog wieder ihr Gesicht.

„Aufmerksamkeit??"

„Ja, und wenn ich dir die Hilfen und Bahnfiguren immer wieder erklären muss, obwohl du genau weißt, wie es geht?" Jetzt grinste sie.

„Aufmerksamkeit???"

„Genau. Weißt du, für mich fühlt es sich so an, wie wenn mir ein kleines Kind am Rockzipfel hängt. Aber du bist kein Kleinkind mehr. Du bist schon ein großes Mädchen, das viel kann und viel weiß." Nun arbeitete es in ihr, sie dachte angestrengt nach. Ihr Pferd streckte sich und gähnte herzhaft. Ich schmunzelte, denn nun war Lisa offensichtlich bei sich angekommen.

„Heißt das, dass ich mein Kleinkindverhalten aufgeben muss, wenn ich erwachsen werden will?", fragte sie.

„Ja. Deine Verwandlung kann nur dann gelingen, wenn Du ein Opfer bringst. Wenn Du bereit bist, den Preis dafür zu bezahlen." Lisa beendete ihre Reitstunde mit einer Abfolge von fast perfekten Bahnfiguren.

Selbstzweifel

Alina und ich kennen uns schon länger, ihre Tochter reitet schon seit einigen Jahren bei mir. Immer wieder ergaben sich auch persönliche Gespräche zwischen uns. Ein Thema, das immer wieder auftauchte war, dass sie nicht wusste, wohin sich ihr Leben entwickeln sollte. Sie fühlte sich mit der Mutterrolle nicht ausgefüllt, hatte aber keine Ahnung, womit sie sich denn noch beschäftigen könnte. Die Veränderungen in meinem Leben und auch in meinem Reitunterricht waren ihr nicht entgangen. Ich erzählte ihr von meinen Heldenreisen und welche Rolle meine Pferde dabei spielten. Eines Tages war es soweit, Alina wollte es genau wissen und wir trafen uns für ihre persönliche Heldenreise.

Ich bat sie, eine Karte aus dem Deck „Das E.V.A. Projekt" zu ziehen. Sie zog ‚die Ängstliche, die Hilflose, die Beschützerin'. Anhand dieser Karte überlegte sie, wer sie war, welche Kräfte und Einstellungen in ihrem Leben wirkten und wirken. Alina bestätigte mir, dass die oben genannten Eigenschaften akkurat auf sie zutreffen. Sie fühlt sich als Beschützerin ihrer Kinder, möchte jedoch selbst auch beschützt werden. Sehr oft empfindet sie sich als pessimistisch und ängstlich. Es fällt ihr schwer, sich von ihren starren Mustern zu lösen und das macht sie sehr oft handlungsunfähig.

„Ich bin ein gläubiger Mensch", erzählte sie mir, „ich möchte unbedingt zu Gott kommen dürfen!"

„Was hindert dich denn daran?", fragte ich ganz erstaunt.

„Dass ich nicht gut genug bin", war ihre bedrückte Antwort. Ihre Eltern hatten ihr Gott ‚erklärt' und ihr gleichzeitig vermittelt, dass sie so, wie sie war, nicht angenommen werden konnte. Zu oft hörte sie:

„Du kannst ja eh nix!" Ich bat Alina, sich ein Pferd aus der Herde auszusuchen, mit dem wir das Thema ‚Näherkommen' vertiefen könnten. Unschlüssig stand sie im Auslauf. Ich merkte, dass sie diese Aufgabe leicht überforderte. Doch da löste sich meine Stute Messa aus dem Pulk der anderen Pferde, ging vom Futter weg und direkt auf Alina zu.

„Ich mach das", war ihre Botschaft und ich schmunzelte. Immer wieder fühlen sich Pferde für bestimmte Gefühlsprozesse zuständig. Ich bin überzeugt, sie tun das, weil es für sie selbst auch heilsam ist. Messa ist ein sehr höfliches, feinfühliges Pferd und wünscht sich das auch im Umgang von und mit den Menschen. Ihre persönliche Intimzone erstreckt sich über Kopf und Hals. Außer direkt an der Nase möchte sie hier nicht berührt werden. Ich führte Messa in das umzäunte Viereck und bat Alina dazu. Sie formulierte ihr Ziel:

„Ich möchte Messa nahekommen, so wie ich Gott nahekommen möchte." Ich leitete Alina zu einem Body-Scan (siehe Kapitel 6.1) an. Die Körperstelle, die sich bei ihr am auffälligsten zeigte, war ihr Zwerchfell. Das Zwerchfell trennt einerseits die oberen von den unteren Organen. Andererseits muss es aber auch durchlässig genug sein, damit die Blutbahnen, Faszien, Muskeln und Nerven ungehindert ihre Arbeit tun können. Es ist aber auch ein Symbol dafür, welche festen Überzeugungen und Glaubenssätze uns von unseren wahren Gefühlen und von Nähe trennen.

Nun bat ich Alina, sich Messa zuzuwenden, um ihr Ziel zu verwirklichen. Vorsichtig näherte sie sich dem Pferd und streckte die Hand nach dem Kopf der Stute aus. Messa wandte den Kopf ab. Als Alina die Hand zurückzog, wandte das Pferd ihr wieder den Kopf zu. Weitere Versuche der Kontaktaufnahme liefen nach dem gleichen Muster ab. Messa war prinzipiell an Nähe interessiert, aber duldete keine Berührung an ihrem Kopf. Ich spürte die zunehmende Mutlosigkeit von Alina und fragte sie daher:

„Kannst du Deinen Anspruch verändern?"

„Was meinst du?" fragte sie mich zurück.

„Ich meine, ist es dir wirklich so wichtig, dass du sie am Kopf berühren kannst? Wäre auch eine andere Körperstelle möglich?"

„Ich könnte sie vielleicht an ihrer Schulter berühren", meinte Alina.

„Vielleicht oder tatsächlich?" Alina wusste, worauf ich hinauswollte.

„Ich probiere es, ob ich ihrer Schulter näherkommen kann und Messa dort berühren darf", sagte sie fest.

Nun hatte Messa kein Problem mehr, sich berühren zu lassen. Beide genossen die Nähe und Alina kraulte Messa's Schulter. Messa hatte ihren Kopf gesenkt, leckte ihr Maul und kaute. Sie war in Verbindung mit Alina's Gedanken- und Gefühlsprozessen. Alina hatte ihre Überzeugung in Bezug auf Nähe neu überdacht. Es war ihr gelungen, Nähe nicht nur am

Pferdekopf, sondern auch an anderen Körperstellen wahrzunehmen. Ich ließ sie eine Zeit die Nähe genießen, dann fragte ich Alina:

„Was ist denn dein größter Herzenswunsch?"

„Ich möchte begleitet sein. Ich möchte mich von Gott beschützt fühlen!"

„Kannst du Messa fragen, ob sie dich ein Stück begleitet?" Alina zögerte. Sie war sich nicht sicher, ob sie das wirklich konnte. Doch dann wandte sie sich der Stute zu, wollte sie dazu animieren, mit ihr ein paar Schritte zu gehen. Messa wandte sich desinteressiert ab. Ich sah Alina die Enttäuschung an und sie gab zu, ‚ein bisschen' enttäuscht zu sein. Ich ließ sie die Enttäuschung in ihrem Körper fühlen und lud sie ein, diese Enttäuschung ganz groß und breit werden zu lassen. Alina ließ sich darauf ein.

Nun zeigte sich, welch große Traurigkeit hinter der kleinen Enttäuschung verborgen war. Alina begann, diese große Traurigkeit zu fühlen und weinte. Ich bat sie, sich nun aus diesem authentischen, wahrhaftigen Gefühl heraus nochmals Messa zuzuwenden. Ich lud sie ein, die wahre Dimension ihres Herzenswunsches zu fühlen und die Stute dann zu bitten, sie zu begleiten. Da Alina nun bei ihrem tatsächlichem Gefühl angekommen war, erfüllte Messa ihr diesen Wunsch gerne und einträchtig gingen sie einige Schritte miteinander.

„Wie hast du dich denn auf deinem gemeinsamen Weg mit Messa gefühlt?", fragte ich nach einiger Zeit.

„Das war unglaublich", strahlte Alina, „ich habe mich so angenommen gefühlt, wie ich war, mit all meiner Enttäuschung und Traurigkeit. Dass dieses Pferd mit mir mitging, hat mich sehr glücklich gemacht!" Ihre anfänglichen Selbstzweifel wurden durch das unkooperative Verhalten des Pferdes bestätigt. Die Angst vor der Enttäuschung, vor dem Zurückgewiesenwerden diente dazu, der großen Traurigkeit auszuweichen. Das ist ein inkongruentes Verhalten, das Pferde nur schwer aushalten können. Ich lenkte Alina's Aufmerksamkeit auf den Höhepunkt ihrer Wandlung:

„Du musstest bereit sein, den Schutz durch deine Selbstzweifel aufzugeben. Du musstest dich sozusagen opfern und dich in deiner tiefen Traurigkeit verletzbar zeigen. Erst durch dieses ‚über dich selbst hinauswachsen' konnte echte Verbindung mit Messa entstehen. Dadurch war es ihr möglich, deiner Bitte zu folgen." Ich ließ Alina Zeit, diesem Erlebnis nachzuspüren und sich bei Messa zu bedanken und zu verabschieden.

Selbstvertrauen

Maria und ich standen im Stall. Draußen regnete es. Sie erzählte mir von den Problemen mit ihrem Pferd.

„Ich möchte so gerne wieder mehr mit meinem Pferd machen, aber ich trau mich nicht, mit ihm vom Stall wegzureiten. Was ist, wenn er sich erschreckt und mir davonläuft? Ich hab doch zuwenig körperliche Kraft, um ihn zurückzuhalten." Ich fragte:

„Geht dir das nur mit diesem Pferd so oder generell mit allen Pferden?"

„Nein, mit den anderen Pferden, die ich kenne und reite, fühle ich mich nicht so ängstlich", antwortete sie mir, „die wirken nicht so, als wären sie von Autos oder Traktoren gestresst. Da fühle ich mich gut aufgehoben."

„Kennst du diese Angst und Sorge nur im Zusammenhang mit den Pferden oder begegnet sie dir auch sonst in deinem Leben?", fragte ich weiter. Maria wand sich ein bisschen.

„Im Herbst fange ich doch eine Lehre an und dafür muss ich in die Großstadt. Dann kann ich nur am Wochenende heimkommen. Daheim in der Familie, da fühle ich mich sicher und aufgehoben. Aber wenn ich an die Stadt denke, dann bin ich mir nicht sicher, ob ich das alles auch wirklich, vor allem alleine, schaffe! Ich fürchte mich vor den Veränderungen." Sie klagte auch über nächtelanges Grübeln, das ihren Schlaf störte.

„Du könntest die Pferde fragen, ob sie eine Lösung für dein Problem wissen", schlug ich vor. Maria sah mich erstaunt an.

„Wie soll das gehen?" Ich schmunzelte. Ich war mir sicher, dass sie und die Pferde genug Verbindung zueinander hatten und das Finden einer Antwort kein Problem sein würde. Es galt, die richtige Frage zu formulieren.

„Um was geht es denn eigentlich? Was fehlt dir, damit du sorgenfrei diese wichtigen Schritte in Deinem Leben tun kannst?" Maria sah mich an.

„Selbstvertrauen. Ja, genau das ist es, was mich daran hindert, mit meinem Pferd ins Gelände zu gehen. Und ohne Selbstvertrauen kann ich auch nicht glauben, dass es mir in der Großstadt gut gehen wird."

„Wie wäre es, wenn du die Pferde fragst, welche Kraft dich dabei unterstützen könnte, mehr Selbstvertrauen zu entwickeln?" Maria nickte zustimmend.

„Gut", sagte ich, „dann gehen wir jetzt einfach in die Herde und du stellst Deine Frage. Es wird sich sicher eines der Pferde für die Beantwortung zuständig fühlen. Wenn nicht, dann kannst du auch ein Pferd deiner Wahl darum bitten."

Wir machten uns auf den Weg, meine alte Stute Una stand schon in ihrer Box, aber die anderen vier Pferde fraßen an der Heuraufe. Maria blieb in ein paar Metern Entfernung stehen und stellte ihre Frage in Gedanken. Sofort zog Falki seinen Kopf aus dem Fressgitter, drehte sich um und eilte auf sie zu. Er blieb direkt vor ihr stehen und stupste sie mit seiner Nase am Bauch im Bereich ihres Bauchnabels an.

Ich habe schon oft gesehen und erfahren, dass Pferde einem nicht irgendwo berühren, sondern dass auch hier eine Absicht und eine damit tiefer gehende Information verbunden ist. An der von Falki berührten Stelle, etwa vier Finger breit unter dem Bauchnabel, befindet sich lt. TCM (Traditionelle Chinesische Medizin) der Bo-Punkt Dünndarm. Dieser Punkt steht unter anderem für Angstzustände und Schlaflosigkeit als Folge emotionaler Probleme, aber auch für die geistige Klarheit.

Falki leckte sein Maul, kaute und stupste Maria immer wieder an der gleichen Stelle. Sie lachte, war aber auch gleichzeitig innerlich stark berührt und ihre Tränen flossen. Ich fragte sie:

„Was fühlst Du denn gerade?"

„Seine Stärke! Ich fühle, dass er soo stark ist!"

„Ist das nur er, der so stark ist?" Sie zögerte.

„Nein. Ich fühle diese Stärke auch in mir. Ich fühle, dass er mir vertraut, wenn ich mir selbst vertraue!" Falki leckte und kaute noch immer.

„Wie kommst du denn an diese deine Stärke heran?" fragte ich weiter. Maria betrachtete Falki konzentriert.

„Lecken und Kauen ist doch etwas, was Pferde entspannt?" Falki schnaubte ab, drehte sich um und ging. Pferde gehen wieder ihren eigenen Bedürfnissen nach, wenn sie merken, dass ihre Information, ihre Weisheit beim Menschen angekommen ist. Ich schmunzelte. Maria kaute sozusagen noch an ihrer Erkenntnis. Ich half ihr weiter:

„Was brauchst du denn, wenn die Angst vor dem, was passieren könnte, auftaucht?"

„Mut."

„Genau. Du könntest dich zum Beispiel fragen: wie viel Mut habe ich, um diese Situation angemessen zu bewältigen?"

„Kannst Du mir ein Beispiel geben?", fragte Maria.

„Gerne. Wenn du mit deinem Pferd ins Gelände gehst und es nähert sich ein Auto, Traktor oder ähnliches, hast du mehrere

Möglichkeiten, darauf zu reagieren. Du kannst dich kopfloser Panik hingeben und dein Pferd wird durchgehen. Du kannst aber auch rechtzeitig eine Ausweichstelle oder eine Abzweigung aufsuchen und ruhig abwarten. Du könntest auch absteigen und zu Fuß weitergehen oder vorher schon gezielt in einem geschützten Raum den Kontakt mit ‚gefährlichen' Dingen üben oder ....oder ....oder. Damit siehst du deiner Angst ins Auge und kannst feststellen, auf welche Art und Weise du ihr begegnen möchtest. Das entspannt dich. Du kannst es aber auch einfach nur mit ‚abschnauben' probieren," scherzte ich abschließend und Maria lachte. Jetzt wirkte sie gelöst. Sie verstand, dass sie den Schlüssel zu mehr Selbstvertrauen selbst in der Hand hatte. Sie erkannte, dass sie bestimmen konnte, auf welche Art und Weise sie ihren Ängsten begegnen wollte.

Maria's Blick ruhte auf Falki, sie war noch immer fasziniert von dieser Art der Kommunikation und gleichzeitig voller Dankbarkeit. Ich lächelte.

„Die Pferde tun das gerne für uns. Und so, wie Falki dir deine Stärke bewusst gemacht hat, kannst du deinem Pferd auch etwas bewusst machen. Wenn du voller Vertrauen in dich und deine Fähigkeiten mit ihm ins Gelände gehst, kann es wiederum genug Mut aufbringen, die Herausforderungen, die ihm dabei begegnen, zu meistern."

Der Vorhang

Manfred hatte eine Einzelreitstunde gebucht. Als er auf meinem Pferd Dagfari saß, fragte ich ihn, ob er an einem bestimmten Thema arbeiten möchte, was denn sein Wunsch sei.

„Es ist schon komisch," meinte er, „in meinem Alltag verstecken sich die Themen wie hinter einem Vorhang. Kaum bin ich da und sitze auf dem Pferd, werden sie sichtbar." Ich fragte nach.

„Ist es noch immer das gleiche Thema, das dich beschäftigt?"

„Ja. Es geht einfach nicht voran," erklärte er mir frustriert.

„Was steht denn auf dem Vorhang?" fragte ich.

„Da steht nichts, aber ich habe einen Gedanken. Ich muss etwas aufgeben, aber ich weiß nicht, was." Dagfari beteiligte sich auf seine Art am Gespräch und pfurzte.

„Dieser Vorhang, wie sieht er denn aus?"

„Grau, steif und schwer."

„Kannst Du diesen Vorhang bewegen?"

„Nein", er zögerte, „na ja, da ist vielleicht am Ende ein kleiner Zipfel, der sich bewegen lässt." Ich ließ ihn anreiten, an diesem Vorhang entlang reiten und spüren, wie sich sein Körper dabei anfühlt.

„Ich fühle mich überhaupt nicht wohl. Das Reiten fühlt sich auch sehr unangenehm an," antwortete mir Manfred.

„Obwohl ich das Ende des Vorhangs sehe, fühlt es sich an, wie wenn der Vorhang kein Ende nimmt."

Dagfari bewegte sich steif und langsam im Schritt, die beiden kamen nicht wirklich vorwärts.

„Wenn du das Ende des Vorhangs betrachtest, das Ende wo du einen Zipfel lüften könntest, was empfindest du da?" Dagfari blieb stehen. Manfred schaute mich an und sagte:

„Wie wenn ich dann etwas aufgeben müsste."

„Und was?"

„Die Angst, was dahinter ist." Dagfari pinkelte.

Nach der Fünf-Elemente-Lehre der TCM (Traditionelle Chinesische Medizin) ist die Angst dem Element Wasser und somit den Organen Blase und Niere zugeordnet. Ich befragte Manfred, wo denn in seinem Körper diese Angst sitze und er deutete auf den Bereich des Solarplexus. Ich fragte, was ihm denn dabei helfen könnte, diese Angst zu überwinden.

„Mut", antwortete er, „Mut, der aus dem Herzen kommt", und legte seine Hand auf sein Herz. Dagfari kaute ab.

„Kannst Du den Mut aus deinem Herzen dorthin fließen lassen, wo die Angst sitzt?" Manfred atmete mehrmals tief ein und aus. Ich wartete.

„Wenn du im Solarplexus genug Mut angesammelt hast, dann warte den für dich richtigen Zeitpunkt ab und reite ans Ende des Vorhangs." Diesmal ging Dagfari flüssig voran und Manfred lächelte.

„Kannst du schon hinter den Vorhang schauen?" fragte ich ihn.

„Ja", sagte er fröhlich, „der Vorhang hat sich soweit erhoben, dass ich drunter durchreiten konnte. Jetzt bin ich auf einer wunderschönen grünen Wiese mit vielen Blumen und ich habe das Bedürfnis, diese Wiese zu erkunden. Ich sehe zwar nicht, wo sie aufhört, aber das ist mir egal. Da, wo ich jetzt bin, ist es wunderschön!" Ich ließ ihm Zeit, dieses Gefühl auszukosten. Dann lud ich ihn ein.

„Wenn du mit deinem Pferd dort auch traben möchtest, kannst du das jetzt tun."

„Das könnte ich", antwortete er mir mit einem leichten Zögern und versuchte Dagfari anzutreiben. Dagfari ging weiter im Schritt. Ich fragte Manfred:

„Auf einer Skala von eins bis zehn, wie groß war gerade dein Engagement, dein Pferd anzutreiben?"

„Bei vier", kam die Antwort.

„Was hindert dich daran, dein Engagement auf sieben oder acht zu erhöhen?"

„Darf ich das?"

„Das ist ein wunderbarer Glaubenssatz", schmunzelte ich. Manfred sah mich verblüfft an, doch dann lachte er. Ich sagte: „Es ist deine Wiese hinter deinem Vorhang. Wer könnte dir verbieten, sie zu erkunden?"

„Nur ich selbst."

„Und kannst du es dir auch erlauben?"

„Ja, das kann ich!"

„Na dann ....!" Diesmal trabte Manfred problemlos an. Runden um Runden drehte er mit Dagfari, wechselte mehrmals die Richtung und ich sah, dass Pferd und Reiter Spaß hatten!

Als Manfred sein Pferd am langen Zügel verschnaufen ließ, wollte ich von ihm wissen, wie es sich denn für ihn angefühlt hatte.

„Wahnsinn, plötzlich war alles so leicht und Dagfari ist so flott vorwärts gegangen! Ich musste gar nicht viel tun, damit es klappt." Er hatte erkannt, dass die Angst, etwas von seinem Leben aufgeben zu müssen, ihn am Vorwärtskommen gehindert hatte. Jedes Gefühl, jede Emotion hat auch einen passenden Gegenpol, mit dem man es aufwiegen kann.

Ritual

Nimm dir bitte einen Stift und ein Blatt Papier. Schreibe all die Ermahnungen und Sätze aus deiner Kindheit, wo du etwas nicht durftest, auf. Teile diese Sätze in zwei Kategorien ein.

- sammle in der ersten Kategorie die Verbote, die dir und dem Erhalt deiner Gesundheit dienten
- sammle in der zweiten Kategorie diejenigen Verbote, die den Überzeugungen deiner Erziehungsberechtigten dienten

Überprüfe nun alle Verbote oder Gebote dahingehend, ob sie dir jetzt als Erwachsener noch dienlich sind. Wenn nicht, kannst du dich davon lösen und als äußeren Ausdruck dafür das Blatt Papier verbrennen.

Schreibe auf ein weiteres Blatt Papier all das auf, was du dir selbst erlauben möchtest:

„Ich darf ….." oder

„Ich erlaube mir …" und hänge ihn gut sichtbar auf.

10 Transformation

Transformation ist Verwandlung, ist Veränderung, ist eine neue Dimension. So wie sich die Raupe verändern, sich verpuppen und den Körper der Raupe loslassen muss, um ein Schmetterling zu werden, so verwandelt uns das Opfer. Opfer und Transformation sind untrennbar miteinander verbunden, das Opfer, das über sich hinauswachsen ermöglicht erst die Veränderung.

Das Opfer ist keine Lappalie, nichts, dem man schnell zustimmen kann. Das Opfer ist immer mit einer großen Überwindung verbunden, sonst wäre es ja kein Opfer. Das, was wir durch das Opfer gewinnen, ist unser Schatz. Dieser Schatz ermöglicht es uns, dass aus unserer Vision Wirklichkeit wird.

Mangel oder Fülle

Mir gefiel die Idee, meine Erfahrungen und mein Wissen weiter zu geben. Ich wollte, dass viele Menschen davon profitieren - und ich natürlich auch! Mein Ego gierte nach der Anerkennung. Leider fühlte ich mich stattdessen hilflos dem unberechenbaren Leben ausgeliefert. Ich plante und arbeitete viel und mühte mich ab, meine Existenz finanziell abzusichern. Und trotzdem erschien ich mir selbst manchmal erfolglos.

Als selbständig Erwerbstätige fühlte ich mich dem finanziellen Auf und Ab oft ausgeliefert. Ich wusste aber auch, dass kein anderer Beruf für mich in Frage kommt. Mein Beruf ist auch meine Berufung!

Ich wünschte mir, dass ich mehr gesehen und wahrgenommen werde, und dass ich mit meiner Arbeit finanziell mehr Erfolg hätte. Ich kämpfte mit meiner Existenzangst und überlegte:

„Ich liebe meine Pferde, aber kann ich mir auch alle leisten? Sind es vielleicht zu viele, die ich ernähren muss? Sollte ich vielleicht das eine oder andere Pferd doch noch hergeben?" Manchmal zweifelte ich und konnte den Sinn hinter meiner Erfolglosigkeit nicht verstehen. Während einer solchen Phase des Zweifels und der Mutlosigkeit geschah folgendes. Seit Tagen schon rieb ich an meinem linken Auge, es fühlte sich wie eine Bindehautentzündung an.

„Auch das noch", dachte ich missmutig.

Meine Pferde nahmen natürlich meine Gefühlsprozesse wahr und geizten nicht mit ihren Hinweisen. Eines Morgens kam mir Falki mit einem tränenden, geschwollenen linken Auge entgegen. Zwei Tage später ebenso Sara.

„Das ist doch kein Zufall", dachte ich und behandelte vorerst die Symptome bei den Pferden. Am Nachmittag lief mir Messa immer wieder über den Weg. Seit Tagen war sie besonders anhänglich und drängte sich ständig in den Vordergrund.

„Sehen und gesehen werden", lautete ihre Botschaft.

„Ja schon, aber was soll ich sehen?" fauchte ich frustriert. Ich dachte darüber nach, was denn der Grund war, dass ich mich innerlich zerrissen fühlte. In diesem Moment sah ich nur den Mangel. Ich sah das, was ich gerade nicht hatte, nämlich genug Geld. Und ich überlegte, was ich denn bräuchte, um auch die Fülle zu sehen.

„Wenn ich die Liebe zu den Pferden und die Begeisterung für mein Tun nur noch von den finanziellen Vorteilen abhängig mache, werde ich scheitern!", erkannte ich. Daraufhin spann ich den Faden weiter.

„Ich könnte auch einfach mal was riskieren! Ich könnte über mich hinauswachsen. Ich könnte mit offenem Herzen in Kauf nehmen, dass es finanziell auch schief geht. Aber ebenso ist es wichtig, dass ich darauf vertraue, dass das Universum, das große Ganze, das Göttliche für mich sorgt!"

Dieses Vertrauen war für mich ein großes Opfer, da meine Glaubenssätze zum Thema Sicherheit tief verwurzelt sind. Beim

Stallausmisten stach mir plötzlich das zahlreich sprießende Unkraut ins Auge und mir kam die Erkenntnis:

„Es ist wie beim Unkrautjäten. So wie manche Pflanzen habe ich meine Glaubenssätze nicht beachtet und einfach wachsen lassen. Nun überwuchern sie die Blumen und nützlichen Pflanzen und lassen sich nur schwer ausreißen." Ich atmete tief durch und betrachtete meine Pferdeherde.

„Hier hat jeder seinen Platz und seine für alle wichtige Aufgabe. Die Herde sorgt auch für alle ihre Mitglieder. Jeder tut etwas für die Gemeinschaft und bekommt auch etwas geschenkt!" Das war's!

„Wenn ich das, was ich zu geben habe, in den Dienst der Menschen- und Pferde-Herde stelle, anstatt es nur für mich und mein Ego zu tun, dann sorgt auch die Herde für mich!" Ich fühlte mich erleichtert.

„Alles, was ich mit Liebe betrachte, ist gesegnet. In der Liebe zu leben, bedeutet in der Fülle zu leben!" Am nächsten Tag war mein Auge wieder beschwerdefrei.

Randver, der Komet

Ein Komet oder Schweifstern ist nichts anderes, als ein Konglomerat von Eis, Staub und lockerem Gestein. Dieser Himmelskörper rast meist unbeachtet durchs Weltall. Erst in Sonnennähe verwandelt er sich in das bewunderte Objekt und prunkt mit seinem leuchtenden Schweif.

Der Name leitet sich aus dem altgriechischen Wort ‚Kóme' für Haupthaar oder Mähne ab. In der christlichen Glaubenswelt kündigt der Stern von Bethlehem als Komet ebenfalls eine umfassende Veränderung an.

Der isländische Name Randver bedeutet ‚der Gestreifte'. Ursprünglich hatte ich diesen Namen für mein Pony ausgesucht, weil seine gescheckte Fellfarbe auf der Kruppe in einen langen Streifen überging. Erst Jahre später erkannte ich die Essenz seines

Wesens. Er ist ein Komet, ein Bote, der Veränderungen ankündigt, ein kraftvoller Himmelskörper, ein lichter Wegweiser. Diese Essenz zeigte sich schon durch die Umstände seiner Ankunft bei mir.

Eine Bekannte wollte ihre reinrassige Islandstute unbedingt von einem gescheckten Welsh-Pony-Hengst decken lassen. Das Ergebnis war zwar ein supersüßes Fohlen, das jedoch mit zunehmendem Alter deutlich ‚untergroß' für den Rest des Körpers werden sollte.

Randver hatte schon im Bauch seiner Mutter für eine große Veränderung gesorgt. Familiäre Turbulenzen veranlassten meine Bekannte, die hochträchtige Stute bei mir einzustellen. Da sie auch in einer finanziell prekären Lage war, vereinbarten wir, dass das Fohlen nach der Geburt in meinen Besitz übergehen sollte. Es war ein Akt der Barmherzigkeit, und nicht der Vernunft.

Als Randver erwachsen wurde, hatte er ein Stockmaß von nur 120 cm erreicht, die Pony-Gene seines Vaters hatten voll durchgeschlagen. Zusätzlich war er mit Intelligenz, einem enormen Dickschädel und der Schnelligkeit eines Arabers ausgestattet worden. Zu Arbeit an sich hatte er keine große Neigung, aber er spielte für sein Leben gern. Er apportierte Pylonen und widmete jedem Spielzeug seine ungeteilte Aufmerksamkeit, um herauszufinden, was man denn damit alles anstellen könnte.

Ich gab ihn zur Tochter meiner Freundin Kerstin in Beritt, einem Mädchen mit enormen Horse-Sense und einem mindestens gleich großen Dickschädel. Randver liebte sie und gewöhnte sich ihr zuliebe an Sattel und Zaumzeug. Doch er war kein Pferd für den Schulbetrieb. Es brauchte eine andere Lösung für ihn.

Bianca nahm eine Zeitlang Reitunterricht bei mir, aber sie kam immer mehr zum Schluss, dass sie nicht unbedingt reiten musste, um Spaß mit einem Pferd zu haben. Sie fragte mich, ob denn eine Reitbeteiligung auch ohne Reiten möglich wäre. Natürlich rannte sie da bei mir offene Türen ein. Ich bot ihr an, es doch mal unverbindlich mit Randver zu versuchen.

Randver erfuhr erstmalig, dass ein Mensch nur wegen ihm kam. Nach mehreren Wochen begann er sich Bianca zuzuwenden, heimlich auf sie zu warten, sichtbar zu werden, wenn er ihre Stimme erkannte. Ich brachte Bianca die Grundbegriffe des Natural Horsemanship bei. Randver kannte sie ja schon und damit konnten sie sich auf gleicher Ebene verständigen.

Langsam öffnete er ihr sein Herz, zeigte, dass er sich freute, wenn sie kam und schlich sich auch in Bianca's Herz. Dennoch verspurte ich eine emotionale Vorsicht bei beiden. Wenn ich sie beobachtete, standen folgende Fragen im Raum:

„Kann ich mich auf dich verlassen? Stehst du immer zu mir? Wann wirst du meiner überdrüssig?"

Ein Jahr später hatten sie sich eine gute Vertrauensbasis erarbeitet. Viele Übungen klappten nun wunderbar. Sie konnten jeder für sich seinen persönlichen Raum einnehmen und den des anderen respektieren.

Im darauffolgenden Frühjahr wurde Randver krank. Er hatte massive Atemwegsprobleme, bekam schwer Luft und hustete viel. Für mich war es letztendlich der Wink mit dem Zaunpfahl, doch endlich den Neubeginn zu wagen und in einen neuen Stall umzuziehen.

Die Prognose der Tierärztin war schlecht, sehr schlecht. Sie wollte Randver schon Kortison spritzen, aber ich wusste um die gefürchteten Nebenwirkungen dieses Medikamentes. Ein Pony mit Hufrehe war nun wirklich das letzte, was ich gebrauchen konnte. Also einigten wir uns auf einen Kompromiss bei der medikamentösen Behandlung und ich stellte seine Fütterung um.

Nun bekam Randver nasses Heu und eine spezielle Kräutermischung zur Unterstützung der Atemwege. Dass Bianca trotzdem kam und sich mit Randver beschäftigte, schweißte sie weiter zusammen. Sie wusste, dass er in dieser Zeit auf keinen Fall laufen sollte, weil das zu einem Lungenkollaps führen konnte. Sie war sehr einfallsreich und dachte sich jede Menge Konzentrationsübungen für ihn aus. Sie war sehr auf seine

Gesundheit bedacht und ließ ihm gegenüber keinen Zweifel daran, dass sie das Tempo bestimmte.

Nach zwei Monaten hatte sich der Gesundheitszustand meines Ponys soweit gebessert, dass wir wieder zur normalen Tagesordnung übergehen konnten. Die liebevolle Zuneigung zwischen Bianca und dem kleinen Schecken hatte sich vertieft. Trotzdem gab es immer wieder kleinere ‚Grenzkonflikte' zwischen den beiden.

Inzwischen hatten sie einen Deal miteinander abgeschlossen Sie würden sich gegenseitig das beibringen, was sie besser als der jeweils andere konnten. Randver verteidigte auf Pferdeart seine Grenzen, indem er zwickte, wenn es ihm zuviel war. Longieren mit dem Seil war lange Zeit für Bianca ein Buch mit sieben Siegeln. Randver nutzte ihre Fähigkeit zur Tierkommunikation und schickte ihr, passend zu seinem körperlichen Verhalten, die richtige Anleitung.

„Schulter", tönte es in ihrem Kopf, wenn ihm ihre vordere Schulter im Weg stand und ihn bremste.

„Treiben", hörte Bianca, wenn Randver langsamer wurde, weil sie vergaß, den Carot-Stick zu bewegen. Lachend erzählte Bianca mir von dieser ungewöhnlichen Lehrstunde und dass den Wallach diese neue Rolle sehr stolz machte.

Bianca und ich hatten auch ernste Themen, die wir miteinander besprachen. Die oben erwähnten Fragen waren auch in ihren zwischenmenschlichen Beziehungen präsent. Von schicksalhaften Begegnungen her kannte sie das Gefühl, verlassen zu werden, wenn ihr sozusagen der Boden unter den Füßen weggezogen wurde. Sie wünschte sich mehr Nähe und Anerkennung ihrer Fürsorge. Dabei vergaß sie aber, auf sich und ihre eigenen Grenzen zu achten.

Randver gab sich nicht mit ihren Halbwahrheiten zufrieden. Er wollte es genau wissen. Eines Tages war es soweit. Ich war ausreiten und Bianca wollte sich mit Randver im Viereck beschäftigen. Als ich zurückkam, aus dem Schatten des Waldes heraustrat und in Randver's Blickfeld geriet, geschahen mehrere Dinge gleichzeitig.

Ich hielt an, weil ich mir überlegte, welchen Weg ich nehmen sollte, um die Arbeit der beiden möglichst wenig zu stören. Bianca war voll auf Randver konzentriert, stand aber gerade mit einem Fuß auf dem Ende des Seils. Randver sah mich und mein Pferd aus dem Augenwinkel, erschreckte sich und startete durch. Der Ruck am Seil riss Bianca von den Füßen. Da sie nicht los ließ, wurde sie ein paar Meter auf dem Hackschnitzelboden am Bauch mitgeschleift.

„Das hat mir buchstäblich den Boden unter den Füßen weggezogen!", berichtete sie mir später aufgebracht, „das war das gleiche Gefühl, dass ich schon in einer meiner Beziehungen hatte! Ich versteh' ja, wenn Randver vor etwas Angst hat. Aber dass er gleich losrennt, ohne auf mich zu achten ... nein, das brauch ich nicht!! Jetzt g'langts, i hör auf!" Sie war wütend, weil sie zuwenig auf sich selbst geachtet hatte.

„Aber dann hab ich mich doch umgedreht und bin wieder zu ihm zurückgegangen und hab ihm g'sagt, du machst jetzt das, was ich will. Und dann", sagte sie befriedigt, „hat er das alles gemacht, was ich wollte. Meine Energie war so präsent, dass er nicht einmal im Ansatz das Bedürfnis hatte, mit mir zu diskutieren!" Ich fragte sie, warum sie denn das Seil festgehalten hatte und nicht losließ? Ob es denn da auch eine Parallele auf der menschlichen Beziehungsebene gibt.

„Ja," sagte sie ruhig, „weil ich Angst vor dem Verlassenwerden habe." Randver hatte sie mit ihren Ängsten konfrontiert und nun ‚leckte sie ihre Wunden'. Ein paar Tage später kam sie wieder und erzählte mir, wie sie mit dieser Erfahrung umging.

„Ich habe drei Karten aus dem Set der Tierbotschaften gezogen. Meine erste Frage war: Was soll ich lernen? Ich habe den Steinbock aufgedeckt, er steht für die Durchsetzungsfähigkeit." Ich schmunzelte.

„Meine zweite Frage war: Was soll Randver lernen? Ich zog den Fuchs, er steht für Vertrauen und für das Auflösen von karmischen Verletzungen." Ich grinste.

„Und dann wollte ich noch wissen, wo uns das ganze hinführen soll. Als ich da die Karte mit dem Krokodil gezogen habe, war ich zuerst echt erschrocken. Doch das Krokodil steht für Transformation!" Nun lachte ich laut und Bianca stimmte mit ein.

„Das ist unglaublich", sie grinste noch immer, „im Grunde meines Herzens weiß ich das alles, aber offensichtlich muss ich das auch noch schwarz auf weiß sehen, damit ich es glauben kann!" Ich fasste meine Erkenntnis ihrer Bewusstwerdung zusammen.

„Wenn du für Randver heilsam sein willst, musst du auch deine Verletzungen heilen. Es ist notwendig, dass du deine Ängste in Vertrauen transformierst. Randver ist ein Meister im Grenzen austesten, aber er lehrt dich auch das nötige Durchsetzungsvermögen, bis du diese Aufgabe meisterst."

Nähre Dich selbst

Seit zwei Wochen plagten mich nun schon Schmerzen in meiner Hüfte, vor allem in der linken. Oder war es mehr im Kreuz? Ich konnte nur schlecht gehen. Beim Reiten zog es schmerzhaft in meiner Leiste und ich fühlte mich um Jahre gealtert. Was mich jedoch am meisten frustrierte war, dass ich nicht wusste, woher die Schmerzen kamen und was sie zu bedeuten hatten.

Ich hatte mich schon intensiv auf ein Seminar, das ich halten wollte, vorbereitet. Bis auf eine Person hatte sich trotz intensiver Werbung niemand angemeldet. Zukunftsängste plagten mich wieder einmal. Ich verstand nicht, warum ich das nicht tun ‚durfte', was ich denn so gerne tun wollte.

Beim morgendlichen Ausmisten des Pferdestalles blieb Falki wie zufällig neben mir stehen. Meiner Meinung nach gibt es keinen Zufall. Vielmehr glaube ich, dass einem Gott/das Universum/das

Leben etwas ‚zufallen' lässt. Ich wusste also sofort, dass Falki eine Botschaft für mich hatte und diese loswerden wollte. Ich bat ihn um eine Antwort auf meine Frage:

„Was kann ich tun, damit mein ‚Leiden' besser wird?" Zuerst einmal passierte gar nichts. Gedankenverloren zog ich an Falki's Schweif und stretchte ihn. Das gefiel ihm und plötzlich kamen mir die Tränen. Ich weinte, wusste aber nicht worum und warum. Ich lehnte mich an seine starke Kruppe und ließ meinen Tränen einfach ihren Lauf. Falki leckte und kaute als Zeichen dafür, dass er meinen Gefühlsprozess aufmerksam mitverfolgte. Sara, die sich unauffällig zu uns gesellt hatte, leckte und kaute genauso ausdauernd.

Nun hatte ich jedoch den Eindruck, dass Falki nicht mochte, dass ich mich nur auf ihn stützte und in Tränen ‚versinke'. Ich blickte auf, um herauszufinden, worum es ihm ging. Er atmete tief ein und aus. Ich sollte wohl ebenso ‚loslassen' und atmete auch tief aus. Dann folgte ich einem inneren Impuls und kraulte seine Schweifrübe. Das gefiel ihm und er wiegte sich hin und her.

„Aha", dachte ich, „loslassen, aber trotzdem in Verbindung bleiben". Ich betrachtete seinen breiten Rücken vor mir, während Falki seine Kruppe sanft gegen meine kraulende Hand drängte. Nun spürte ich sehr viel Liebe für ihn, weil er mich bei der Auflösung meiner Blockade freiwillig unterstützte, weil er das für mich tat! Plötzlich formte sich der folgende Satz in meinen Gedanken.

„Ich gestatte mir, Liebe zu empfangen und mich damit zu nähren!" Ich atmete nochmals tief aus, Falki schnaubte ab, dann ging er. Ich fühlte mich leicht und beschwingt. Die Schmerzen in meiner Hüfte waren verschwunden.

Ich ‚ließ los' und sagte schweren Herzens das geplante Seminar ab. Einen Tag später meldete sich die einzige Teilnehmerin und buchte stattdessen am vorgesehenen Seminartag ein Einzelcoaching. Das war ein unerwartetes Geschenk für mich. Das Leben fühlte sich für mich wieder leicht an!

Wertschätzung

Manchmal muss man auch aus seiner Opfer-Rolle heraustreten, damit Veränderung stattfinden kann.

Mein beruflicher Schwerpunkt hatte sich verändert. Die Pferde, die jahrelang die Stütze meines Reitunterrichts waren, waren nun reif für die Rente. Ich beschloss, ihre Arbeit nur noch auf entspannte Ausritte und pferdegestützte Bewusstseinserfahrung zu beschränken und holte sie nach Hause.

Der Stall daheim wurde vor Jahren für fünf Pferde gebaut. Ich hatte aber sechs Pferde. Mein Verpächter bestand darauf, dass ich jedoch nur fünf Pferde dort halte. Gott sei Dank konnte ich das sechste Pferd, es war Randver, bei einer Freundin einstellen. Trotzdem war ich sauer. Wie so oft suchte ich Rat in der Herde. Falki wandte sich mir zu und ich fragte ihn, wie ich denn das Problem lösen könnte. Er berührte mich mit seiner Nase an meinem Herzen. Sofort flossen meine Tränen.

„Wie soll ich denn mit dem Herzen entscheiden? Ich kann mich von keinem von euch trennen! Ihr seid meine Herde! Ich möchte auch nicht, dass jemand von euch freiwillig Platz macht für Randver. Am allerliebsten wäre es mir, wenn er einen guten Platz findet!"

Wieder berührte mich Falki mit seiner Nase an meinem Herzen und ich ‚hörte' seine Frage:

„Er hat doch einen guten Platz?"

„Ja … schon … aber ich muss dafür extra zahlen!" Ich schluckte.

Langsam dämmerte es mir. Ich zahlte, aber es war mir leid ums Geld. Daheim würde mir seine Haltung viel billiger kommen. Ich haderte mit der Entscheidung meines Verpächters, dabei war es vielmehr so, dass ich keine Wertschätzung für den ‚guten Platz' empfand. Randver war dort sehr gut aufgehoben in der Herde, es fehlte ihm an nichts und er war glücklich.

Ich atmete tief ein und aus und ersetzte den Hader mit Dankbarkeit. Falki schnaubte ab und ging seiner Wege.

11 Die Essenz oder der weite Blick

In der klassischen Philosophie bezeichnet das Wort Essenz das Wesen eines Dinges. In der Verfahrenschemie meint man damit eine konzentrierte Lösung, ein Konzentrat. Der Begriff leitet sich vom lateinischen Verb ‚esse – existieren, sein' und vom dazugehörigen Stubstantiv ‚essentia – Wesen, Wesenheit' ab. Was wir im allgemeinen Sprachgebrauch damit ausdrücken wollen, ist, dass es hier um das eigentliche Wesen, um den Kern der Sache geht.

Du hast dieses Buch annähernd bis zum Ende gelesen und dich dabei intensiv mit der Heldenreise-mit-Pferden befasst. Du hast möglicherweise alte Gedankenmuster losgelassen und dich neuen Ideen zugewandt. Du hast erkannt, dass du über dich selbst hinauswachsen kannst, weil es für Deine seelische, geistige und/oder körperliche Weiterentwicklung notwendig ist. Du bist zum Kern der Sache vorgedrungen. Aus all Deinen bisherigen Erfahrungen und den neuen Erkenntnissen formt sich nun dein Wissen um das Wesentliche. Du siehst den roten Faden in Deinem Leben und das Thema, dem du in dieser Heldenreise-mit-Pferden begegnet bist. Du kannst diese Erkenntnis in ein bis zwei Sätzen zusammenfassen und sie mit den Menschen teilen, denen du begegnest. Du hast begriffen, dass sich Lebenskrisen dann bewältigen lassen, wenn du die Botschaft hinter den Ereignissen wahrnimmst und wenn du über Dich selbst hinauswächst. Nun kannst du dein Herz öffnen und die Weite und Tiefe des Universums in dir aufnehmen. Du verschiebst deine inneren und äußeren Grenzen. Du begegnest den Menschen, der Natur, den Pflanzen, Tieren und natürlich den Pferden. Gleichzeitig nimmst du wahr, dass du mit allem, was um dich herum ist verbunden bist, obwohl du auch als Individuum existierst. Du erkennst die Essenz deines Lebens und du fühlst dich sicher und aufgehoben.

Der weite Blick

Wer beim Reiten ständig auf sein Pferd oder auf seine eigenen Hände schaut, bekommt selten mit, was sich rund um ihn abspielt. Am Reitplatz ,verirren' sich solche Menschen, weil sie die für die Übungsfiguren notwendigen Orientierungspunkte gar nicht sehen. Im Gelände werden sie von überschießenden Reaktionen ihres Pferdes überrascht, weil sie die Gefahr nicht bemerken. Der sogenannte Tunnelblick verringert die Möglichkeiten deiner Wahrnehmung. Dein Auge blickt starr und fühlt sich angestrengt an.

Doch du hast auch die Möglichkeit, deinen Blick zu öffnen, in die Weite zu schauen. Du kannst deinen Kopf drehen und wenden, um alles zu sehen, was dich umgibt. Auf diese Weise entspannt sich dein Auge, es fühlt sich nun weich an. Du siehst mögliche Gefahren und kannst schnell darauf reagieren. Du bemerkst, was dein Pferd ängstigt und kannst ihm die erhoffte Antwort geben. Du bist imstande, dort hin zu reiten, wohin du möchtest.

Der offene, weite Blick eröffnet dir neue Perspektiven in deinem Leben. Er ermöglicht dir eine neue Sichtweise auf deine Beziehung zu deinen Mitmenschen und auf die Verbindung zu deinem Pferd. Du kannst alles sehen, was dich umgibt, während du in dir selbst ruhst! Du kannst fühlen, was deine Seele bewegt. Die passenden Gedanken fliegen dir von selbst zu.

Kairos

Dieser offene und weite Blick ermöglicht es dir, im richtigen Moment das Richtige zu tun! Kairos ist ein religiös-philosophischer Begriff. Er beschreibt den günstigen Zeitpunkt einer Entscheidung und dessen Unwiederbringlichkeit. In der griechischen Mythologie wurde der Gott Kairos mit diesen Eigenschaften bedacht.

Im älteren Altgriechischen gibt es die Begriffe Kronos und Kairos. Kronos bezeichnet die lineare Zeit, die wir zum Beispiel mit unseren Uhren und Kalendern messen. Im Gegensatz dazu bezeichnet Kairos den rechten Zeitpunkt. Kairos ist der Moment, in dem tatsächlich die Sonne aufgeht, der Moment, in dem sie über dem Horizont erscheint. Kairos, der Gott des günstigen Augenblicks, wird mit einem kahlen Hinterkopf und einem Haarschopf an der Stirn dargestellt. Darauf geht die Redewendung ‚die Gelegenheit beim Schopf fassen' zurück. Wenn die Gelegenheit vorbei ist, kann man sie unmöglich am kahlen Hinterkopf fassen. Kairos ist also der richtige Zeitpunkt, der kurze Augenblick, in dem alles möglich ist. Pferde leben ständig in diesem Augeblick, im Hier und Jetzt. Pferde sind Meister des Kairos und trainieren dich dabei, es auch zu werden.

Meine Essenz

Beim von Ulrike Dietman organisierten Horse & Spirit-Festival hatte ich während der Teilnahme an Workshop's und schamanischen Reisen mehrere einprägsame Erlebnisse mit den Pferden und Pferdeahnen. Alte Wunden zum Thema Liebe begannen nun langsam zu heilen.

Am nächsten Tag war ich in einer Klamm im nördlichen Schwarzwald unterwegs. Den ganzen Tag wurde meine Aufmerksamkeit von der Natur mehrmals auf das Thema Liebe gelenkt. Ein schmaler Wurzelweg führte am Wasser entlang. Auf Trittsteinen überquerte ich den Bach und die ihm zufließenden Quellen und verweilte immer wieder eine Zeitlang an besonders einladenden Stellen. Unter einer sehr alten, kerzengeraden hohen Fichte lagen drei große Felsen im Bachbett. In dem entstandenen Spalt steckte ein abgebrochener Baumstab mit den Wurzeln nach oben. Ich betrachtete ihn eingehend. Ich stellte fest, dass er wie ein menschliches Herz mit den dazugehörenden Venen und Arterien aussah. Es war ein machtvolles Wegzeichen. Ich dachte:

„Die größte Macht auf Erden ist doch die Liebe!" Als mein Blick nach unten wanderte, entdeckte ich auf einem Baumstumpf eine fingerlange, wunderschön gezeichnete grüne Raupe.

„Sieh mal", sagte ich zu mir selbst, „sie trägt die Farbe des Herz-Chakras!" Fröhlich gestimmt setzte ich meinen Weg fort. Doch die Natur hatte noch weitere Überraschungen für mich vorbereitet. Kurz vor einem Rast- und Grillplatz bemerkte ich einen großen Stein in Herzform mitten am Weg. Als ich dann die am Rastplatz stehende Hütte näher in Augenschein nahm, entdeckte ich an ihr das Ortsschild „Bad Liebenzell". Sozusagen als Draufgabe hatte jemand im Inneren der Hütte an einem Querbalken folgende Inschrift angebracht:

„Gott liebt Dich". Am Klammausgang erfrischte ich mich in der Kneipp-Anlage und anschließend legte ich mich auf eine Bank. Ich träumte in den blauen Himmel. Doch es dauerte nicht lange, bis ein Libellenschwarm über meinem Kopf kreiste und tanzte. Ich war amüsiert.

„Libe statt Liebe, von Rechtsschreibung hat die Natur aber noch wenig Ahnung!"

„Was für ein Tag", sinnierte ich weiter, „die Natur, das Große Ganze, das Universum, das Göttliche sorgt dafür, dass ich an dem zur Zeit wichtigsten Thema für mich dranbleibe und es nicht als einmaliges Erlebnis abtue. Sie sorgt mit ihren Impulsen dafür, dass mein Herz und meine Seele heilen können." Ich fühlte mich fürsorglich behütet.

Der weite Blick ist vielfältig

Resonanz von TeilnehmerInnen an
Workshop's oder Coachings:

Die Welt ist ein Spiegel. Wie innen, so außen.

Ich tue viel auf der irdischen Ebene, aber es fällt mir von der Schicksalsebene her zu.

Wenn etwas Neues entsteht, braucht es Zeit, um zu reifen. Es braucht den richtigen Augenblick, um in die Welt zu kommen.

Alter schützt vor Freiheit nicht.

Ich nehme mir Zeit, um den Klang der Freude zu hören.

Ich weiß nicht, wann der Regen kommen wird, aber er kommt. Mein Königreich wird fruchtbar sein und mich und meinen Stamm nähren.

Die Lösung liegt in mir!

Ich entdecke meine innere und äußere Schönheit
und erfreue mich daran.

Es ist genug ‚Nahrung' da, ich brauche sie nur zu nehmen.

Mächtig und stark überdauere ich Verletzungen und die Zeiten.

Meine Erkenntnis: weniger Tun, mehr Sein.

Auf der Reise des Lebens fließt eins ins andere.

Was außen ist, nach innen bringen. Was innen ist, nach außen bringen.

Wenn ich bei mir bleibe, spüre ich was ich brauche, was mir im Augenblick gut tut!

Die Zeit mit meinem Pferd ist für mich wie eine Oase, eine Auszeit vom Üblichen. Binnen kurzer Zeit entsteht in mir eine innere Fülle. Hier kann ich ohne Hetze auftanken.

Ich bin unvergleichlich einzigartig!

Dank

Ich möchte all jenen Menschen von Herzen danken, die ihre Erlebnisse mit den Pferden für dieses Buch zur Verfügung gestellt und die sich in ihrer Verletzlichkeit gezeigt haben. Nichts davon betrachte ich als selbstverständlich. Zum Schutz ihrer Privatsphäre habe ich ihre Namen und bestimmte Lebensumstände verändert.

Danke Ulrike, für deine Inspiration und das Geschenk des Buchtitels.

Natürlich danke ich auch all den Pferden, die mich hilfreich begleitet haben oder es jetzt noch tun. Ohne sie wäre dieses Buch nie entstanden.

Dank auch an mein Pferd Gambri, das mich beim Fotoshooting für das Titelbild ausnahmsweise ohne Helm genauso sicher wie sonst auch getragen hat!

Hier erreichst Du mich:

Waltraud R. Schögler
www.pferdemenschen.eu

Ich arbeite für und mit Menschen,
ich arbeite für und mit Pferde/n,
ich arbeite für und mit Pferde/n und Menschen.

Begegnungen die Herz und Seele berühren

Du bist willkommen!